LISHUIYOUDAO

理税有道

——纳税奥秘与技巧

迷你口袋书

中国财政经济出版社

图书在版编目（CIP）数据

理税有道——纳税奥秘与技巧／蔡昌著．—北京：中国财政经济出版社，2009.3

ISBN 978-7-5095-1101-5

Ⅰ．理…　Ⅱ．蔡…　Ⅲ．税收管理-基本知识-中国

Ⅳ．F812.42

中国版本图书馆 CIP 数据核字（2008）第 189684 号

责任编辑：樊清玉　　　　责任校对：李　丽

封面设计：郁　佳　　　　版式设计：兰　波

插　　图：杨万斌

中国财政经济出版社出版

URL：http：//www.cfeph.cn

E-mail：cfeph@cfeph.cn

社址：北京市海淀区阜成路甲 28 号　邮政编码：100142

发行处电话：88190406　财经书店电话：64033436

北京财经印刷厂印刷　各地新华书店经销

787×1092 毫米　32 开　5.5 印张　104 000 字

2009 年 3 月第 1 版　2009 年 3 月北京第 1 次印刷

印数：1—4 060　定价：15.00 元

ISBN 978-7-5095-1101-5/F·0923

（图书出现印装问题，本社负责调换）

本社质量投诉电话：010-88190744

前言

QIAN YAN

税收无处不在，税收体现着一种经济规则。美国法学家奥利弗·霍尔姆斯曾说过：“税收是我们为文明社会付出的代价。”税收不仅是社会文明进步的标志，而且也成为社会经济发展的一种推动力。因此，不论对企业还是个人来说，税收都已经成为财富决策的关键因素。美国财政部国内税务署前署长唐纳德·亚历山大说：“在经济泡沫年代，不惜一切手段增加利润的动力很大。其中一个手段就是把纳税额减少到最低限度。”

在中国推进市场经济的今天，税收离我们的生活越来越近。不论在经济繁盛时期，还是在经济衰退之际，都必须掌握纳税理财的方法和技巧。为帮助大家更多地了解税收、走近税收，我于2007年春在山东教育电视台开办《掌控税收》系列讲座，为社会各界人士所津津乐道。该套节目从身边的点滴谈起，传播纳税理念、弘扬税收诚信，对个人和企业的纳税工作具有较强的指导意义。

节目播出后，许多观众朋友对纳税理财表现出极大的兴趣，他们通过电话、邮件等多种方式和笔者交流，索要讲座节目的相关资料，其热情程度之高超出笔者的想象。随后，齐鲁电子音像出版社出版了我的二十集电视讲座节目——《掌控税收》，这在一定程度上满足了观众朋友的需求。这次出版的《理税有道——纳税奥秘与技巧》就是该电视讲座的精华内容。

我是一个对各类事物都感兴趣的人，颇喜欢观察和思考；我是一个喜欢精致的人，希望我的作品能带给大家一种精美的感觉。如果您在阅读本书时有任何想法或赐教之处，请发邮件给我，无论意见如何都很欢迎。

最后，我还要表达对许多人的感激之情，正是他们的默默奉献才使本书得以刊行。感谢西南财经大学的郑娅妤女士，她提出的谋篇布局创意使本书增色不少，感谢丹东市国税局的杨万斌先生，他设计的精美插图使本书活泼添彩，感谢多年来给我支持和帮助的樊清玉女士，她是本书的责任编辑，她的细腻、耐心和辛勤劳动激励着我写好每一行文字。还要感谢把书翻开的读者朋友，也祝愿更多的读者朋友通过关注纳税理财，实现个人与公司财富的不断增长。

蔡昌

2009年2月

目录

MU LU

上篇　个人理税技巧

下篇　公司理税技巧

附篇　趣味案例思考

上篇

个人理税技巧

第1讲 个人理财

每个人都希望拥有幸福的生活，我们常挂在嘴边的一句话是：**君子爱财，取之有道**。谁不喜欢财富，谁不喜欢过幸福的生活。而这一切从何而来？这一切要从理财而来。

中国自古流传下来一句话：吃不穷，穿不穷，算计不到一世穷。这里所说的“算计”，就是理财。如何理财呢？下面带大家一起去探寻理财的奥秘。

一、个人财富口袋

对个人来讲，要理好财，首先要建立你的财富口袋。我们先来看个人财富口袋（如图 1－1 所示）。在这个图中，个人财富口袋拥有六种收入的来源：一是投资收益，通过投资获得的现金流入主要包括利息、股息、红利所得；二是劳务收入，通过提供劳务服务所获

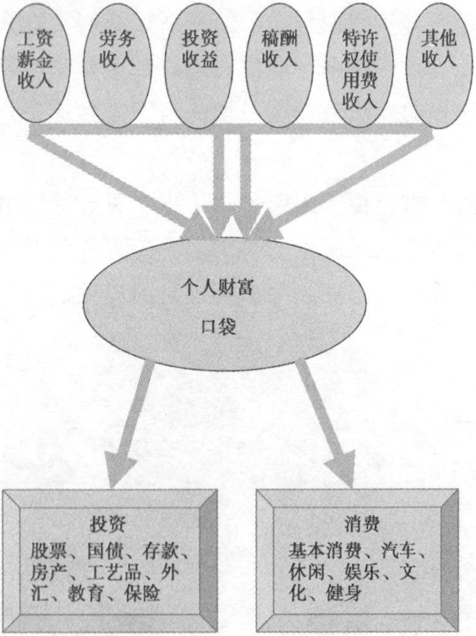

图 1－1　个人财富口袋

得的收入；三是工资薪金收入，即作为一个雇员为单位做贡献所拿到的报酬；四是稿酬收入，即个人发表文章或出版著作所获得的收入；五是特许权使用费收入，个人提供专利权、商标权、著作权以及非专利技术所获得的收入；六是其他收入，如财产转让收入，偶然所得等。从收入来源来看，个人财富口袋有多种财富流入的源泉。

对于个人财富口袋来说，还有两个财富流出的通道：一是投资，二是消费。即个人财富口袋主要用于投资和消费。所以，投资和消费就构成了个人财富口袋的两类不同性质的流出。

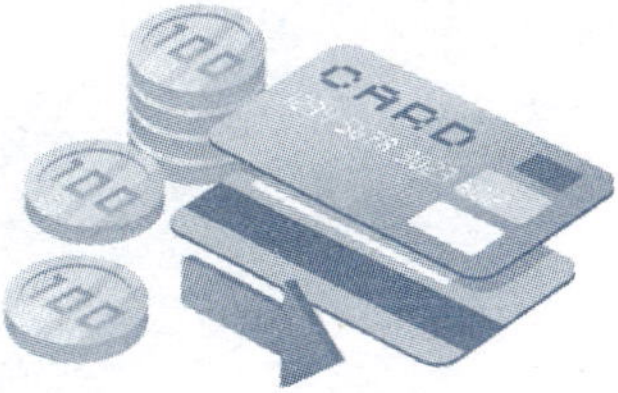

我们先来看投资，投资主要有股票投资、国债投资、存款投资、房产投资、教育投资，还有保险投资等。接下来我们看消费，个人消费有基本消费、汽车消费、文化消费、健康消费、娱乐消费等多种形式。

从财富口袋可以看出，一个人要想积累财富，必须疏通收入源泉，为财富创造更多的流入；同时，还要注意控制两类流出。在生活中大家都明白一个道理，那就是“开源节流”。这里的“开源”，就是解决如何增加收入的问题，而“节流”，就是实现如何节约费用开支的问题，当然也包括税金的节约。

利用个人财富口袋，就可以实施个人理财规划了。对个人来说，投资理财技巧体现在以下三个方面：

一是收入，收入是财富增长的源泉，个人不能忽略收入的形式和内容。

二是投资，经济学家认为投资就是推迟的消费。投资观念很重要，成功的投资能实现财富的持续增长，相应增加未来消费量。

三是消费，消费就是消耗财富，消费使现有财富一去不复返。适当而合理的消费，不仅可以满足生存的需要，而且还可以提高生活质量。

让个人财富口袋鼓起来，这可是许多人的愿望，光有愿望不行，关键是如何才能做到？

自动取款机

二、个人理财三大技巧

1. 合理分配收入

收入不外乎两个用途：一是投资，二是消费。

当你每月拿到工资或其他收入时，要合理安排收入。

首先，要合理划分消费与投资的比例。比如，你每月拿3000元的工资，用于基本消费的占多少，用于投资的又占多少呢？四六开的话，基本消费是1800元，投资是1200元。请牢记：在没有意外的情况下，不要随意改变预先设定的投资与消费比例。

其次，要合理安排投资的种类与结构，形成合理的投资组合。个人投资要选择多种方式，比如储蓄、买国债、炒股票、投资房产等，这些都是常见的投资方式。

投资学里有一个非常经典的投资原则：**鸡蛋不能放在一个篮子里**。个人投资时，为规避风险，应该选择一组投资，形成风险、收益均衡的投资组合。但同时也要牢记：**也不宜把鸡蛋放在太多的篮子里，那样多不好管理呀！**投资也要遵循辩证法。

银行储蓄是投资吗？有人认为不是。其实，银行储蓄也是一种投资，银行有一种零存整取的储蓄方式，很受亲睐，因为它能促使个人定期储蓄，自然会养成节约的好习惯。

最后，要安排好消费的种类和结构。日常消费占用多少开支，购车的消费（或车贷的月供额）占用多少开支，日常用车的消费又有多少，孩子的教育支出如何合理安排？要保障这些消费支出项目，就需要对收入作出合理分配。

2. 花钱的学问

花钱的学问很大，这里结合日常生活主要讲三点：

第一，不要吝啬必需的开支。

我们常说，该花的钱一定要花。否则，我们的生活质量会下降，我们的事业发展会受挫。大家都知道龙永图先生，他是 WTO 谈判的首席谈判官。龙永图先生宏才大略、一身正气，很多人都知道他为中国加入世贸组织立下了赫赫战功，但很少有人知道龙永图先生廉洁爱国。这里有个小故事，在一次宴会上记者问龙永图先生这样一个小问题：“您有几条领带？”龙永图先生是这样回答的：“我只有 5 条领带，不同的花色，搭配不同的西装。”龙永图先生还强调说，5 条领带就足够了，能满足他在任何场合的需要。

从这一点分析，龙永图先生很会理财，他不吝啬领带该花的钱，但他也不多花冤枉钱。即使领带再多，每次也只能戴一条。龙永图先生没有物质欲，这令我们十分钦佩。其实，国外曾想用重金收买龙永图先生，但龙永图先生不为重金所动，他不但深深地爱着祖国，而且还深知即使拥有500条领带，和拥有5条领带没有太大的区别。

第二，把钱用在健康上。

健康是一个人一生追求的目标。没有健康的体魄，所有的一切都化为泡影。如何才能作到健康呢？从理财角度考虑，要舍得在健康方面花钱，这样才能少去医院、少花医药费。关注健康理财，要从以下三个方面着手：

一是饮食。俗话说，药补不如膳补。多吃营养丰富的食物，就可以保持健康的身体，少吃药。

二是健身。生命在于运动，多健身，多锻炼，就可以减少发病的几率。所以，多在健身方面花钱，经常游泳、打球，锻炼身体，无形中就会减少医药费开支。

洁齿高招

三是保险。如果个人身体素质差，就应该未雨绸缪，多投资一些医疗保险、健康保险、人寿保险等。

第三，把钱用在教育上。

百年大计，教育为本。教育能提高一个人的素质，而素质是人生成功的基础。在个人理财方面，不要忘了对教育多投入一些，这样个人才能不断适应社会的变化，不至于被时代所淘汰。

3. 理财不忘合法节税

个人投资理财还需要合法节税，或称之为“税收筹划”，这也是理财的技巧之一。

税收是一个古老而又新鲜的话题。人们对税收有着各种各样的感觉。但没有哪个组织和个人能忽视税收的存在。唐朝有个诗人叫杜荀鹤，他有两句描写税收的名诗：“任是深山更深处，也应无计避征徭。”

但税收也是可以筹划的，节税已经成为一种理财意识，也被形象地称为“理税”。举个例子，一般银行存款的利息收入要缴利息税，但教育储蓄不用缴利息税。对个人来说，利用教育储蓄存款就可以合理规避利息税。再如，个人买保险不仅能保平安，而且还可以利用保险节税，对个人获得的保险分红、保险赔款不征税。所以，在个人投资理财中，要依法纳税，但也不要忘了合法节税，我们决不能作法律禁止的事，但要大胆作法律没禁止的事。

居民收入
税收

第2讲 个人收入与纳税

一、税无处不在——纳税的观念

美国总统富兰克林有一句经典名言：人一生下来有两件事情不可避免，一是死亡，二是缴税。

在市场经济的今天，税收与人们的生活越来越密切，下面，我给朋友们谈谈与个人收入相关的纳税问题。

税无处不在。税收与我们每个人的关系都是非常密切的。比如，当我们获得工资薪金收入时，要缴税；当我们买房时要缴税，卖房时要缴税，就连出租房屋时，也要就租金收入缴税；当我们买车时要缴税，用车时要缴税，卖车时还要缴税。除此之外，当我们用闲余的资金投资股票、基金时，需要就投资收益缴税；八小时之外的劳务收入、稿酬收入，或者中奖的偶然所得，也都要依法缴税。我国税法规定，自2007 年起，凡个人年收入超过 12 万元都要自行申报缴纳个人所得税。

有人会说，我工资很低，没有储蓄，不搞投资，既不买车也不买房，税收跟我没有任何关系。其实不然，税收跟每个人的衣食住行都密切相关。

在中国，由于商品的标价已包括税款在内，所以大家在购物时感觉不到税收的存在。其实这是一种错觉，因为税收最终都是由消费者负担的。

在国外，税与个人的关系体现的更直接一些。美国普遍对零售商品征收销售税，比如，个人到商店里买衣服要缴销售税，但衣服的明码标价中并不含税，即价格和税是分开的。一件衣服标价为 100 美元，假如适用的销售税税率为 8%，那么顾客必须支付 108 美元才能买到这件衣服。

美国人的纳税意识很强，美国有 50 个州，每个州的销售税不统一，税率差别很大，有的州达到 9%，而有的州只有 4%～5%。美国人喜欢周末去超市购物，甚至开车上百公里到税率比较低的其他州去购物。算一算

账，税金的节省比车费还高出许多呢！美国还有免税日，比如一些州规定每年免税三日，许多消费者都乐意在免税日疯狂购物。

二、工资薪金的纳税技巧

1. 工资薪金所得如何纳税？

工资、薪金所得，是指个人因任职或者受雇而取得的工资、薪金、奖金、年终加薪、劳动分红、津贴、补贴以及与

任职或者受雇有关的其他所得。个人工资薪金超过2000元，要缴纳个人所得税。

工资、薪金所得适用九级超额累进税率，税率为5%~45%，如表2-1所示。

工资薪金的计税办法：月工资总额减除2000元后的余额作为应纳税所得额，查表2-1所对应的税率及速算扣除数，进而计算应纳税额。

[案例分析] 销售员小王的月工资为2400元，技术员小李的月工资为3600元，请问他们分别缴纳多少个人所得税？

小王缴纳的个人所得税计算如下：

(2400-2000) ×5% =20 (元)

小李缴纳的个人所得税计算如下：

(3600-2000) ×10% -25 =135 (元)

表2-1 个人所得税九级超额累进税率表

级数	全月应纳税所得额	税率（%）	速算扣除数
1	不超过500元的	5	0
2	超过500元至2000元部分	10	25
3	超过2000元至5000元部分	15	125
4	超过5000元至20000元部分	20	375
5	超过20000元至40000元部分	25	1375
6	超过40000元至60000元部分	30	3375
7	超过60000元至80000元部分	35	6375
8	超过80000元至100000元部分	40	10375
9	超过100000元部分	45	15375

［考考你］　张三是一家科技公司的总经理，他拿到的月薪为52000元，请问他该缴纳多少个人所得税？

答：张三缴纳的个人所得税计算如下：（52000－2000）×30%－3375＝15000－3375＝11625（元）

2. 奖金的计税方法与纳税技巧

月度、季度奖金一般都计入发放当月的工资薪金总额，按照上面介绍过的办法计算缴纳个人所得税。

年终奖金的计税办法较为特殊，虽然参照上述工资薪金的九级超额累进税率表，但应纳税所得额的计算方法不同于工资薪金。

比如，有一位员工在年终拿到3600元的奖金，他缴纳的个人所得税按照如下办法计算：

3600÷12=300（元），300<500，300就是应纳税所得额，适用5%的税率。这里允许把年终奖除以12，相当于把年终奖平均分摊到每月收入中去。但计算应纳税额时，直接拿年终奖总额乘以适用的税率。所以，该员工应缴纳个人所得税为：3600×5%=180（元）

［案例分析］　一家房地产公司的副总经理拿到年终奖6000元，总经理拿到年终奖6060元，请问他们分别应该缴纳多少个人所得税？

按照年终奖的计税方法，副总经理缴纳的个人所得税计算如下：

6000÷12=500（元），适用5%的税率，速算扣除数为0。

副总经理缴纳的个人所得税为：6000×5%=300（元）

同理，总经理拿到年终奖6060元，缴纳的个人所得税计算如下：

6060÷12=505（元），适用10%的税率，速算扣除数为25。

总经理缴纳的个人所得税为：6060×10%-25=581（元）

这里出现一个不合常理的结论：总经理比副总经理多拿60元奖金，却要多缴纳281元的个人所得税。这一结论很令人费解，为什么会出现这种反常现象呢？

原因在于个人所得税采用的是超额累进税率。个人所得税与年终奖的多少有很大的关系。当年终奖增长时，由于税率是累进的，所以税收的增长速度会超过年终奖的增长速度。年终奖的增长会导致税率攀升。

对于此类问题，告诉大家一个纳税技巧。即只需把总经理的年终奖中超出6000元的60元拿出来，作为月度奖发放，而不是作为年终奖发放，就可以实现合法节税。

总经理正常月薪为5000元，年终奖为6060元，他缴纳的个人所得税总额为：

（5000－2000）×15%－125＝325（元）

325＋581＝906（元）

如果调整总经理的年终奖，拿出60元放到月薪中，那么他缴纳的个人所得税总额为：

（5060－2000）×15%－125＝334（元）

334＋300＝634（元）

把年终奖中的60元转化为月薪收入，总经理的收入总额没有变化，但可以防止税率跳跃至高一档，个人所得税自然就可以节省下来。按照调整后的奖金方案，总经理的节税金额为：906－634＝272（元）

由于个人所得税分为九档税率，所以会出现八个税率跳跃点，下面给出前四个税率跳跃点相对应的不合理的年终奖区间：6001～6306元、24001～25294元、60001～63438元、240001～254667元。我们在发放年终奖时，应尽量避免年终奖落入这些不合理区间。

3. 工资薪金收入的纳税技巧

之一：收入转化法

将个人货币形式的收入转化为福利收入。比如，单位组织一次春游，搞一些健身活动，由工会组织负担活动费用。再如，到风景优美的地方安排一次预算会议。“黄山归来不看岳，五岳归来不看山”，许多人向往秀丽的黄山，单位就可以选择去黄山召开预算会议。

这里，大家要注意一些限制性规定。比如国家明确规定党政机关、事业单位不能把西藏作为开会地点，因为那里空气稀薄，很容易造成缺氧。其实，大家心里都明白，到西藏开会，不就是以开会名义去公费旅游吗？

税法规定，对本单位的营销人员，不得打着各种“幌子”组织公费旅游。如果真是这样，一旦查实，要把旅游费用平均分摊到每个人头上，计入当月的工资薪金合并计税。

之二：职工培训法

单位邀请一些资深专家给职工培训，通过专业培训提升职工的个人素质。单位不仅可以搞一些短期培训班，而且还可以组织大规模的学习班。比如，某油田处级以上干部攻读EMBA，完成学业的由单位解决部分学费。这不仅给个人提供受教育的机会，督促干部不断学习，而且又没有增加个人的税收负担，可谓一举两得。

三、劳务报酬的纳税技巧

1. 劳务报酬所得如何纳税?

劳务报酬所得是指个人从事设计、装潢、安装、制图、咨询、讲学、翻译、书画、演出、技术服务、代办服务、经纪人服务等。

还有两个特殊的情况也按照劳务报酬所得计算缴纳个人所得税：

其一，单位以免费旅游的方式向非雇员营销人员提供的奖励；

其二，个人因担任董事而取得的董事费，也按劳务报酬计算税金。若董事属于企业内部人员，则董事费计入工资总额一并纳税。

劳务报酬所得不超过4000元的，减除费用800元，超过4000元的，减除20%的费用。以减除费用后的余额作为应纳税所得额，适用20%的税率。对于一次收入畸高的，实行加成征收。

《中华人民共和国个人所得税法实施条例》规定，“劳务报酬所得一次收入畸高”，是指个人一次取得劳务报酬，其应纳税所得额超过20000元。对应纳税所得额超过20000元至50000元的部分，依照税法规定计算应纳税额后再按照应纳税额加征五成；超过50000元的部分，加征十成。因此，劳务报酬所得实际上适用20%、30%、40%的三级超额累进税率，如表2-2所示。

表2-2　劳务报酬所得适用的税率表

级数	不含税应纳税所得额	税率（%）	速算扣除数
1	不超过2000元的部分	20	0
2	超过2000元至50000元的部分	30	2000
3	超过50000元的部分	40	7000

［案例分析］ 某工程师从甲企业取得一笔设计费20000元，从乙企业取得一笔咨询费2000元。

按照劳务报酬所得，设计费需要缴纳的个人所得税计算如下：

（20000 - 20000 × 20%） × 20% = 3200（元）

咨询费需要缴纳的个人所得税计算如下：

（2000 - 800） × 20% = 240（元）

劳务报酬分项目计税，如果属于同一项目连续收入的，以一个月之内取得的收入为一次。例如，某演员一次演出取得劳务报酬 6 万元，应纳税额计算如下：

应纳税所得额 = 60000 - 60000 × 20% = 48000（元）

应纳税额 = 48000 × 30% - 2000 = 12400（元）

2. 劳务报酬所得的纳税技巧

之一：增加费用法

像上面的例子，工程师的设计费收入为 20000 元，但他需要出差到企业做调研，假设所发生的 3000 元差旅费需要自己支付。那么他的净收益为：

20000 - 3200 - 3000 = 13800（元）

如果差旅费由企业承担，从设计费中扣除，那么工程师的纳税额为：

[（20000 - 3000）-（20000 - 3000）× 20%] × 20% = 2720（元）

他的净收入增加额为：3200 - 2720 = 480（元）

之二：增加支付次数法

连续收入分次在不同月份支付。劳务服务三个月，在一个月份收到劳务报酬，则可以分到三个月份实现劳务报酬所得，这样可以节约税金。

[案例分析] 张某在一段时期内为某单位提供相

同的劳务服务，该单位或一季，或半年，或一年一次付给张某劳务报酬。

假设该单位年底一次付给张某一年的劳务报酬60000 元。如果张某按一次申报纳税的话，则其应纳税所得额计算如下：

应纳税所得额 = 60000 − 60000 × 20% = 48000（元）

劳务报酬一次收入畸高的，应按应纳税额加征五成，应纳税额计算如下：

应纳税额 = 48000 × 20% ×（1 + 50%）= 14400（元）

如果张某以每个月的平均收入 5000 元分别申报纳税的话，其每月应纳税额和全年纳税总额计算如下：

每月应纳税额 =（5000 − 5000 × 20%）× 20% = 800（元）

全年纳税总额 = 800 × 12 = 9600（元）

节税额 = 14400 − 9600 = 4800（元）

这样，张某按月纳税可节省税金 4800 元。

四、稿酬收入的纳税技巧

1. 稿酬收入如何纳税？

稿酬收入是个人因其作品以图书、报刊形式出版发表而取得的收入，一般按次计税。每次出版或发表同一作品的，不论是否分次获得稿酬，一律合并纳税。稿酬收入的税率为20%，并减征30%。

与劳务报酬类似，稿酬收入不超过4000元的，减除费用800元，超过4000元的，减除20%的费用。

[案例分析] 一位教授写了一本专业教材，销量10000册，版税为10%，每本书定价20元，该教授需要缴纳的个人所得税计算如下：

版税收入＝10000×20×10%＝20000（元）

应纳税额＝20000×（1－20%）×20%×（1－30%）＝2240（元）

根据上述稿酬所得的计税办法，我们得出以下结论：

当稿酬收入小于4000元时，纳税额＝（稿酬收入－800）×14%。

当稿酬收入大于4000元时，纳税额相当于稿酬收入的11.2%。

稿酬计税时需要注意，将自己的作品公开拍卖，所获收入不按稿酬收入计税，要按特许权使用费收入计税，关于特许权使用费的计税办法将在后面介绍。

著名作家二月河出版《康熙大帝》、《雍正大帝》、《乾隆大帝》三部曲，稿酬收入颇丰。对于作家来说，当作品的发行量很大时，一般采取版税制比较合适。当然，版税制下由于所获收益比较多，所需缴纳的税金也比较多。如易中天的《评三国》、于丹的《论语心得》、马未都的《马说陶瓷》，其稿酬也不菲。

2. 稿酬收入的纳税技巧

之一：系列丛书法

一本书很厚，不妨拆开作为系列丛书出版，这样每本书的稿酬都很低，如果低于 4000 元，则按 800 元减除费用，这样费用扣除率会超过 20%。

之二：著作组法

如果一本书的稿酬预计很高，可以组成编委会，扩大作者队伍，适当降低税收。

[案例分析] 一位税务专家写了一本《纳税技巧十讲》，稿酬收入为 30000 元，如果由该税务专家单独完成，应纳税额为：

$$30000 \times (1-20\%) \times 20\% \times (1-30\%) = 3360 \text{（元）}$$

如果由 10 个人的著作组合作完成书稿的写作，则每个人的纳税额为：

$$(30000 \div 10 - 800) \times 20\% \times (1-30\%) = 308 \text{（元）}$$

10 个人的纳税总额 = 308 × 10 = 3080（元）

著作组法也可能会被滥用，这里举个生活中的趣事：一家出版社曾在支付稿酬时，一个 3 岁的小孩子也拿到了一笔稿酬。原来作者为了避税，不仅把妻子、朋友等人作为著作组成员，而且也把 3 岁的儿子纳入著作组，这真是滑天下之大稽的事情。

五、财产转让所得的纳税技巧

1. 什么是财产转让所得?

有价证券、车辆、古玩字画等属于个人财产。转让这些财产时需要就财产转让所得缴纳个人所得税。

财产转让所得是转让财产的收入额减除财产原值和合理费用[①]后的余额。这里的财产原值是指：

（1）有价证券，为买入价以及买入时按照规定缴纳的有关费用；

（2）建筑物，为建造费或者购进价格以及其他有

① 合理费用，是指卖出财产时按照规定支付的有关费用。

关费用；

（3）土地使用权，为取得土地使用权所支付的金额，开发土地的费用以及其他有关费用；

（4）机器设备、车船，为购进价格、运输费、安装费以及其他有关费用。

对企业推行股票认购权或股票期权激励的，个人在行使股票认购权或股票期权行权后，将已认购或取得的股票（或股份）转让所取得的所得，应按“财产转让所得”项目缴纳个人所得税①。

个人通过招标、竞拍或其他方式购置债权以后，通过相关司法或行政程序出售债权而取得的所得，应按照“财产转让所得”项目缴纳个人所得税。

2. 财产转让所得如何纳税？

财产转让所得应纳税额的计算公式为：

应纳税额 = 应纳税所得额 × 适用税率

= (收入总额 − 财产原值 − 合理税费) × 20%

［案例分析］ 张三把拥有的一幅明代字画出售，原值为20000元，转让收入30000元，转让中介费用500元。

张三应纳税额计算如下：

---

① 该政策不适用于境内上市公司股票。对于个人持有境内上市公司股票的转让所得，暂免征收个人所得税。

（30000 - 20000 - 500）×20% = 1950（元）

六、特许权使用费收入的计税方法

特许权使用费收入是个人提供专利权、商标权、著作权、非专利技术等获得的收入。凡是所得不超过4000元的，减除费用800元；收入超过4000元的，减除20%的费用。特许权使用费收入适用20%的个人所得税。

个人可能不仅拥有一项特许权利，每一项特许权的使用权也可能不止一次地向他人提供。因此，对特许权使用费所得的“次”的界定，明确为每一项使用权的每次转让所取得的收入为一次。如果该次转让取得的收入是分笔支付的，则应将各笔收入相加为一次的收入，计征个人所得税。

七、偶然所得的计税方法

偶然所得是指个人得奖、中奖、中彩以及其他偶然性质的所得。偶然所得适用20%的个人所得税率。

例如，叶先生参加电视台有奖竞猜活动中奖，获得一台价值6000元的电脑，那么，叶先生应缴纳的个人所得税为：

6000 × 20% = 1200（元）

个人购买社会福利彩票、体育彩票中奖的收入，一次中奖不超过1万元的，免征个人所得税，超过1万元的，应全额征收个人所得税。

叶先生还热衷于体育彩票，他因购买体育彩票获得价值15000元的摩托车一辆，同时购买社会福利彩票获得奖金3000元，那么，他应缴纳的个人所得税为：

15000 × 20% = 3000（元）

个人投资与纳税（上）　第3讲

一、投资的原则

投资是一种实现财富持续增长的运作方式，投资有多种形式，如储蓄、国债投资、股票投资、基金投资、

外汇投资、保险投资等。对于一个有固定收入的人来说，应该合理安排投资，而且越早投资效果就越好。在投资时还要充分考虑货币时间价值，科学规划投资的现金收支活动。

有一则有趣的财富故事：一个大富翁，有一天把他的财产平分为三份交给三个儿子，要他们珍惜并善加利用自己的财富。大儿子拿到这笔钱之后做了各种投资，像股票、债券、外汇等等，进行投资组合。二儿子利用财富购买原料，制造产品出售，这是典型的实业投资；三儿子为了安全起见，把他的钱埋在一棵大树下。一年后，富翁检查他们的成果，大儿子和二儿子的财富都增加了一倍，富翁非常高兴。但三儿子的钱丝毫未变，他向富翁解释说：我怕运用不当而遭受损失，所以把钱存在最安全的地方。

从这个故事，可以得出两点启示：

1. 个人财富要善加利用，否则，不利用财富与没有财富无任何差别。

2. 利用财富的方式是投资，投资要承受一定的风险，且收益永远与风险同在。

二、储　蓄

储蓄对于个人来说，是一种最为便捷的投资方式，既可以起到保值增值的目的，又比较安全方便，可以随时支取。

储蓄最大的好处在于帮助人们培养一种科学的消费习惯，有利于发扬勤俭节约的传统。储蓄存款中有一种方式叫“零存整取”，即每个月存入等额的货币，到期后一次支取。这样，平时只需每次存入小额货币，细水长流，日积月累，就可以获得一大笔资金。这种方式对白领阶层来说，是一种积蓄财富、履行节约的理财好帮手。但要提醒大家的是，储蓄最忌讳通货膨胀。

1. 利息收入的计税办法

个人在我国境内存储人民币、外币而取得的利息收入暂免征收个人所得税。我国曾一度对利息收入按照20%的税率计税，并由储蓄机构代扣代缴。

[案例分析]　李四存入银行1年期定期存款10000元，年利率为2.79%。那么，1年后他获得的税后利息是多少呢？

按现行税法规定，利息收入暂免征收个人所得税，所以应纳税额为零。

税后利息=10000×2.79%=279（元）

如果利息收入的税率为20%，则：

应纳税额 =10000×2.79%×20% =55.80（元）

税后利息 =279 -55.8 =223.20（元）

2. 利用教育储蓄存款节税

教育储蓄存款的利息收入免征个人所得税。在我国境内，可以开设教育储蓄存款的个人是：中国大陆正在接受非义务教育的在校学生，即高中（中专）、大专和大学、硕士与博士研究生。三个学习阶段分别可享受2万元教育储蓄免利息税收优惠。也就是说，一个人一生最多可享受3次教育储蓄免税待遇。

3. 利用外汇储蓄存款增加收益

美元存款基准利率一般高于同期人民币存款利率。因此，个人也可把人民币兑换成外汇以后，以外汇存款形式储蓄。

如果个人具备外汇知识，也可以炒外汇，进行外汇交易获取收益。很早以前，就流传一则妙趣横生的小故事：一个美国老头，住在一个城市边上，他每天早上拿美元去兑换加元，然后再拿加元兑换成日元，每天临近交易结束时，再把日元兑换成美元。这一周而复始的外汇兑换行为，使他每天都能获得一笔汇兑收益。这个美国老头每天兑换完毕之后，就拿着兑换所得的收

益去沽一壶酒，然后带上钓竿，去风景宜人的湖畔饮酒垂钓，怡然自得。

为什么会出现这种外汇套利现象呢？原来各国货币之间的汇率并不总是维持合理的比例关系，经常会出现套利机会。美国老头就是抓住了这一投资机会，才得以每日有酒喝，每日得闲暇。

三、债券投资

1. 债券的利息收入

债券主要有企业债券、政府债券、金融债券等。

购买企业债券，所获得的利息收入适用20%的个人所得税。购买国债，其利息收入全部免税。

国债利息收入比较稳定，且收益率高于银行利率。所以，老人一般多选择国债投资，赖以规避投资风险。

2. 股票投资与纳税技巧

股票是上市公司发行的一种有价证券。在市场经济环境下非常普遍。中国的沪市、深市有近2000家上市公司。此外，香港还有证券交易所，天津也要组建证券交易所。在中国，目前有许多以炒股为业的股民，炒股浪潮可谓冷冷热热，起伏跌宕。

［**趣味新知**］　我的一位朋友，在餐桌上纵谈股市风云，他有一套炒股哲学，其炒股理论以筷子为喻，并形象地称为“筷子理论”。该理论的内涵是：其一，熊

市时，炒短线。凡是向右上方倾斜的价格走势的股票，则被作为目标股票。选取其中的几支，并作短线炒作，一旦价格上涨或下跌超过期望值，

就交易该股票。其二，牛市时，短长兼炒。长线炒绩优股，短线炒振荡股。且牛市时心态最重要，既不要惧怕，又不要贪婪，不断战胜自己，炒股水平自然渐入佳境。

股息、红利所得，是个人因股权投资或持有股票而获得的投资收益，按照20%的税率计税。自2005年6月起，上市公司的股息红利所得，减半征收，即实际税率为10%。

个人在上海证券交易所、深圳证券交易所转让上市公司股票所获得的价差收入（又被称为“资本利得”），免征个人所得税。但个人买卖股票要缴纳证券交易印花税，且仅对卖方单边征收，目前税率为1‰。

对于非上市的集体所有制企业改制为股份制企业时可以将有关资产量化给职工个人。对职工个人以股份形式取得的仅作为分红依据、不拥有所有权的企业量化资产，不征收个人所得税；对职工个人以股份形式取得的拥有所有权的企业量化资产，暂缓征收个人所得税；待个人将股份转让时，就其转让收入额，减除个人取得该

股份时实际支付的费用支出和合理转让费用后的余额，按“财产转让所得”项目计征个人所得税。

个人炒股的纳税技巧：最好要求上市公司披露利好信息，但不发放股息、红利。这样一来，股票价格会出现上涨趋势，此时个人投资者伺机出售股票，就可以将股息、红利所得转化为股票价差收入。按照现行税收政策规定，股票价差收入不征个人所得税。这是收益形式转化带来的节税空间。

四、基 金 投 资

基金是集中众多个人的零散资金，交由专门的基金管理公司进行投资，主要投资于各种有价证券，而投资收益按投资比例分享的一种投资工具。目前，中国有大量的“基民”投身基金“大潮”淘金。基金的投资过程及纳税情况如图 3－1 所示。

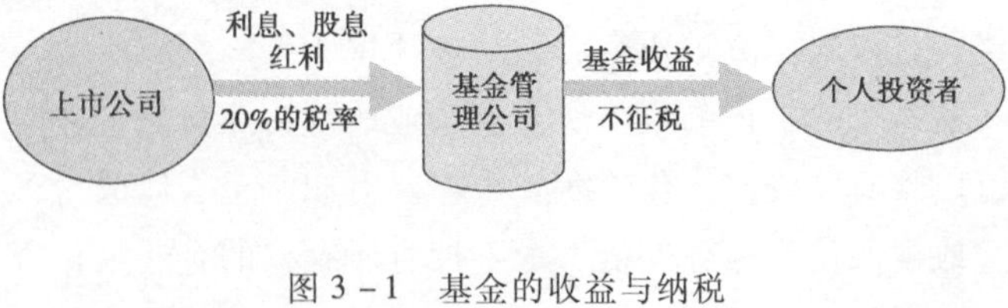

图 3－1　基金的收益与纳税

对基金管理公司取得的股息、红利收入，债券的利息收入、储蓄存款利息收入等，由上市公司、发行债券的企业和银行等在向基金管理公司支付时，代扣代缴20%的个人所得税；对个人投资者获取的基金管理公司再分配的收益，暂不征收个人所得税。

个人投资者买卖基金所获得的价差收入，目前也不征收个人所得税。

五、保险投资

1. 认识保险

人的一生会遇到很多风险，什么是风险呢？风险就是产生灾难或损失的可能性。对于个人来说，生命永远比财富重要。

有风险就需要保险。市场上涌现出越来越多的保险公司。各种类型的险种层出不穷，如人寿险、财产险、健康险、意外伤害险，甚至还有责任险、事故险等。

保险离我们很近，保险就在我们身边。那么，保险到底有哪些作用呢？保险能够为人们提供各种保障，是转移风险、分摊损失的一种理财模式；保险作为一种投资活动，通过保险分红、保险返还等，还可以获得收益，而且这种收益是免税的。

[案例分析] 刘先生，40岁，经理，没有医疗及养老保险。刘太太，36岁，护士，没有医疗及养老保险。儿子，7岁，小学一年级。家庭月收入8000元。

<table>
<tr><th>保险产品</th><th>缴费年限</th><th>每年保险费</th><th>保险费用</th></tr>
<tr><td>终身人寿保险</td><td>25 年</td><td>3702. 0 元</td><td>20 万元</td></tr>
<tr><td>健康保险</td><td>25 年</td><td>1704. 0 元</td><td>20 万元</td></tr>
<tr><td>住院医疗保险</td><td>每年</td><td>197. 6 元</td><td>每日 150 元</td></tr>
<tr><td colspan="4">每年总缴保险费 5603. 6 元，基本保险额为 40 万元。
通过购买保险，具体保障如下：
死亡或高残给付 20 万元。
生病或残疾按比例给付保险金，最高 20 万元。
如果住院治疗，每日给付 150 元。</td></tr>
</table>

2. 保险的纳税技巧

保险涉及到以下税收政策：

（1）个人所获得的保险赔款免征个人所得税。

（2）个人所获得的人寿险分红不缴税。

（3）个人拥有的基本社会保险全免税。对于基本医疗保险、基本养老保险、工伤保险、失业保险、生育保险全额免征个人所得税。

（4）个人自己缴纳有关商业保险费而取得的无赔款优待收入，不征收个人所得税。

第4讲 个人投资与纳税（下）

一、房产投资

房产投资是一种长期投资，在我国现阶段，房产投资具有极大的升值潜力。

个人购买房产，包括商品房、经济适用房和商务用房，需要缴纳契税和印花税。

1. 契税

个人购买房产要缴纳契税，应纳契税 = 住房成交价格 × 适用税率

契税税率为3%～5%，具体由各省、自治区、直辖市人民政府根据当地情况确定。北京市对于个人购买普通住宅，可以享受3%的税率减半征收契税的优惠政策。对于高档住宅或别墅，按3%的税率征收契税。为

了应对金融危机，2008 年 11 月，国家将个人首次购买 90 平方米及以下普通住房的，契税税率暂统一下调至 1%。

如果个人用拆迁补偿款买房，购房成交价格中相当于拆迁补偿款的部分免征契税，而成交价格超过拆迁补偿款的，对超过部分征收契税。

2. 印花税

个人购买房产要按万分之五的税率缴纳印花税。自 2008 年 11 月起，对个人购买住房暂免征收印花税。

[社会观察] “娃娃房主”为何日渐增多?

许多房地产公司发现，就在最近一段时间，楼盘销售经常会遇到“娃娃房主”，即房主是中小学生，甚至还有一些家长抱着孩子来买房。许多家长以孩子的名义买房，他们的理由是反正房子总是要给孩子的，干脆一步到位直接让孩子作房主。

为何会出现这种社会现象? 许多孩子不满 18 周岁，还没有独立民事能力。原来许多家长考虑到国家未来可能要征遗产税，以孩子名义买房就可以规避遗产税。

但这种“娃娃房主”现象存在很多隐患：一是孩子购房时还没有民事能力，购房合同一旦出现纠纷就很难办。二是如果买房需要银行按揭，这又会给贷款制造障碍。在这里，我奉劝广大家长朋友们，千万别为一点未来可能的虚无缥缈的税钱而埋下隐患。

［知识链接］　小心“避税高招”背后的风险

房屋中介公司的“避税”高招听上去有理“有利”，可谁知道其背后暗藏的风险有多大？稍不留神，二手房买卖双方就可能落个“占小便宜吃大亏”的下场。因此，“二手房”交易的避税招法极易引发风险。

避税招法一：以租待售

以租待售是5年期内售房者最普遍采用的避税方式，虽然这可以充分利用售房者的房屋资源，避免空置损失，但一旦房价在租期大涨，房主因此毁约不再出售房屋，租了几个月的买主的利益将受到损失，反之亦然。

避税招法二：把交易价格“压低”

高价买卖低价报税属于虚假交易，虽然买卖双方都可以从中占点小便宜，但一旦买房人再次将房子转让时，将面临着两个问题：一是由于买入价低，房屋出售时评估值也会相应降低；二是由于买入价低，再次卖出价和买入价之间的差额就会比较大，所以，会造成再转让时需负担高昂的税收。

避税招法三：不过户先公证

只公证不过户对买房人来说存在巨大风险，因为在我国的房地产法律、法规中，买卖双方一旦发生纠纷，房产证是房屋所有权的唯一证据，而购房合同属于次要证据。一旦卖房人将房屋抵押或者转售，买房人的利益将无法保证。另外，公证机构应该根据房产证的所有权而不是根据买卖合同来作公证，如果双方发生纠纷走诉讼程序，其公证效力也将受到质疑。

避税招法四：找物业改底单

改了底单就等于改了原来的购房合同，重新签订了一份新合同。原来合同的有效性将丧失，而新合同也成了瑕疵合同，一旦发生交易纠纷，买卖双方都将面临权益无法保障的问题。

二、出租房屋

1. 出租房屋如何纳税?

个人出租房屋，要缴纳哪些税呢？房屋租金收入，需要缴纳营业税、城市维护建设税、教育费附加、印花税、房产税和个人所得税。

[案例分析] 老李出租自有房屋供他人经商，当月取得租金收入6000元，支付房屋修缮费1000元。老李应缴纳的税金计算如下：

(1) 营业税：$6000\times5\%=300$（元）

经营用房出租的营业税税率为5%，居民住房出租的营业税税率为3%。

(2) 城市维护建设税：$300\times7\%=21$（元）

城市维护建设税分为三档，按照营业税税额计算。个人所在地为市区的适用7%；个人所在地为县城、镇的为5%；个人不在市区、县城或镇的，适用1%。

（3）教育费附加：300×3%＝9（元）

（4）房产税：6000×12%＝720（元）

营业用房的房产税按照租金收入计算，适用12%的税率；居民住房适用于4%的优惠税率。

（5）印花税：6000×1‰＝6（元）

（6）个人所得税＝（租金收入－租赁过程中缴纳的税费－修缮费）×（1－20%）×20%

＝（6000－300－21－9－720－6－1000）×（1－20%）×20%

＝631.04（元）

供居住的房屋租赁缴纳的个人所得税按10%计算，其他房屋租赁按20%计税。

2. 出租房屋的纳税技巧

技巧之一：房屋修缮费的扣除

房屋租金收入计征个人所得税时，除减除规定的费用税金外，还准予扣除能够提供有效、准确凭证，证明由房东负担的修缮费，每次800元为限，一次扣不完的，准予下次继续扣除，直到扣完为止。

提醒大家注意，修缮费必须是在出租房屋期间支出的，也就是说出租期间的修缮费才可以扣除。显然，在房屋出租期间进行房屋修缮，会给租房者造成一定的不便，这要提前与租房者沟通协商。

技巧之二：减少名义租金

出租房屋时，要尽量减少名义租金收入。比如，签订租房合同时，不要把水电暖包括进去，应该由租房者承担水电暖的费用，而房屋租金收入就是净额收入。这可以大大减少营业税、房产税、印花税及个人所得税等多项税金支出。

三、出 售 房 屋

个人出售房屋取得的收入要缴纳哪些税呢？下面通过一个典型例子来说明。

［案例分析］ 老李将自有住房出售，取得售房收入 50 万元，房屋原值 45 万元，已使用 10 年。老李应缴纳的税金计算如下：

（1）营业税：居住超过 2 年的住房免征营业税。

自 2006 年 6 月 1 日后，个人将购买不足 5 年的住房对外销售，全额征收营业税。超过 5 年的普通住房对外销售，免征营业税。超过 5 年的非普通住房对外销售按照差额征收营业税。

2009年出售住房营业税减免政策：2009年1月1日至12月31日，个人将购买不足2年的非普通住房对外销售的，全额征收营业税；个人将购买超过2年（含2年）的非普通住房或者不足2年的普通住房对外销售的，按照其销售收入减去购买房屋的价款后的差额征收营业税；个人将购买超过2年（含2年）的普通住房对外销售的，免征营业税。

（2）城市维护建设税：按营业税税额计算，本例为0。

城市维护建设税分为三档，个人所在地为市区的适用7%；个人在县城、镇的为5%；个人不在市区、县城或镇的，适用1%。

（3）教育费附加：教育费附加按照营业税的3%缴纳，本例为0。

（4）印花税：暂免征收。

印花税一般按售房收入的万分之五缴纳。买房者、卖房者都要缴纳，因为印花税是双向的。自2008年11月起，对个人首次购买或销售住房，暂免征收印花税。

（5）个人所得税。

个人转让住房，以其转让收入额减除财产原值、转让中的税金和合理费用后的余额，视为应税所得，按照“财产转让所得”缴纳个人所得税。住房转让收入明显偏低的，由税务核定其价格，按核定后的价格征税。

个人所得税 =（转让收入 - 原值 - 缴纳的销售税金及附加）×（1 - 20%）×20%
=（500000 - 450000）×（1 - 20%）×20%
= 8000（元）

（6）土地增值税。

对个人销售住房暂免征收土地增值税。

［拍案说税］ 北京的房地产由于奥运会的带动，房价不断攀升。拿奥运村附近的楼盘来说，由2004年的均价7000元/平方米，上涨到12000元/平方米。

一位个人投资者2004年初以银行按揭形式购买10套商品房。2006年6月1日起，国家对于购买不足五年的住房征收营业税，且自2006年9月1日起对房产转让所得征收个人所得税。在2008年8月，该房产投资者全部抛售10套商品房。他报给房产中介的是税后净价，所以，售房所需缴纳的一切税金由购房者负担。

该房产投资者和购房者为了避税，采取低成交价加现金交易形式避税，比如一套住房100万元，70万元作为场内报价，现金交易30万元。这样就无形中降低

了营业税及其附加。但该办法对于购房者来说风险很大，因为现金交易没有凭据，售房者不承认就会造成麻烦。

四、受赠或继承房屋

个人受赠或继承房屋、土地的，需缴纳契税。

［案例分析］ 小王从父母那里继承一处房产，价值 30 万元，小王要缴纳多少契税呢？

我国税法规定，凡是法定继承人，不需要缴纳契税。法定继承人包括：配偶、子女、父母、兄弟姐妹、祖父母、外祖父母。所以，小王不需要缴纳契税。

如果是非法定继承人继承房屋的，需要交纳契税。

如果个人通过签订产权转移数据继承或受赠房屋的，还要缴纳印花税。

个人受赠或被奖励的房屋，需要缴纳契税。如果受赠的房产再对外出售的，还要缴纳个人所得税，应缴纳的个人所得税按照下式计算：

应纳个人所得税 =（财产转让收入 - 受赠、转让住房过程中缴纳的税金及有关合理费用）×20%，但受赠房产的“房产原值”不得扣除。

还要提醒大家注意，个人受赠房屋再次转让的，还可能涉及到税金问题。

［拍案说税］ 2006 年春天，重庆市许多二手房买卖，都是通过赠与形式转让产权的。当时重庆市的契税的税率为 1.5%，这样通过赠与形式可以只缴纳 1.5% 的契税，而规避房产交易中的营业税及其附加税（营业税及其附加税合计为房产交易价款的 5.5%）。2006 年夏天，重庆市加强了对房产赠与行为的管理力度，要求个人进行登记管理，并填写《个人无偿赠与不动产登记表》，要求所填内容必须属实，否则一旦发现将会受到处罚。为配合此政策，重庆市还提高了契税的标准，税率由原来的 1.5% 提高到 3%。这在一定程度上抑制了二手房“假赠与真转让”的社会现象。

我们进一步分析，房产假赠真售行为其实并不可取。因为二手房转让要缴纳个人所得税。如果受赠方将赠与的房屋再次转让，可能会承担高昂的个人所得税，因为受赠房产的“房产原值”不得扣除。如果在选择是采取赠与方式还是出售方式转移房屋产权时，必须考虑以下情况：如果采取赠与方式，且受赠房产在短时间内再次转让的，一定要在受赠所节省的营业税及其附加与再次转让受赠房产所缴纳的个人所得税之间进行权衡，以防得不偿失。

第5讲 个人消费与纳税

一、消费的观念与原则

我们谈到投资，那是一种创造财富的方法。其实，投资的终极目的还是为了消费。所以，在个人经济生活中，还有一个道理更为重要，那就是“钱用得越早越好”。换言之，钱在一个人年轻时使用才最有价值。有人的解释是：等年老了，山珍海味有碍健康，游山玩水已没体力，漂亮衣服已没人欣赏。这种认识虽有点偏激，但确是实话。其实，钱用得越早，越能够发挥价值，也越能够促进个人生活品质的提高和事业的成功。

［案例分析］ 羊毛衫太多了！

一位朋友的太太，喜欢买衣服。女同志嘛，也爱逛商店。见到款式颜色喜欢的，一定要掏钱买。过一个冬天你就会发现她的羊毛衫是真多，家里有一个衣橱专门存放羊毛衫。中国有二十四节气，如果从霜降开始，到清明节为止，每天换一件羊毛衫，准能保证天天不重样。但她的羊毛衫大多都是质次价廉的，即便如此，她花在羊毛衫上的钱已经是很惊人了。另外一位朋友的太太，她的消费观念几乎截然相反。羊毛衫也好，还是其他衣服也好，并不多，但每件都是精品，都是经过精挑细选后购买来的，每件衣服都很有品位。但她并没有多花钱。好衣服穿出去很体面，自己也懂得爱惜。物以稀为贵，这是人间真理。

其实，在财力一定的情况下，科学的消费观是精选少买，买适合自己的东西，买中档以上的东西，这样使用既舒心又舒服。所以，买东西不一定挑最贵的，但一定选最适合自己的质量相对好一些的商品。

个人消费是对财富的使用，财富的意义在于发挥其作用，而不是储藏起来。马克思曾谈到价值和使用价值的关系，其实消费就是把货币的价值转化为商品的使用价值。钞票只是财富的载体，仅仅体现着价值。而财富本身的作用只有通过消费获取商品的使用价值或接受劳务才能真正显现出来。

因此，消费观念很重要，花钱也是一门学问。它决定着一个人的生活品质和事业成败。

二、日常消费与纳税

日常消费主要是指衣食住行的消费。许多人认为自己的日常消费与税收没有关系，其实，消费者负担的税收包含在价格里面，个人在购物时已经把税缴给商家了，商家收取后再替消费者转缴给国家。我国商业领域价格和税收没有分开，所以大家感觉好像没有缴税，仿佛只是企业在缴税，其实这是一种假象。

个人购买的日常用品，其价格里包含着税。价格里主要有哪些税呢？下面我们对商品中包含的各种流转税进行分析。

1. 增值税

小到针线、牙膏、面包，大到空调、冰箱、彩电，这些商品都涉及到增值税。

比如，生产面包，首先是农民种植小麦，面粉厂把小麦磨成面粉，面包房通过市场买到面粉，然后加工成面包，最后把面包放到食品店销售，消费者才能吃到面包。假如面包房做一个面包需要 3.51 元钱的面粉，面包房卖面包给食品店 5.85 元钱一个，食品店的出售价

格是9.36元钱一个。显然，从小麦到面包，是一个多环节的增值过程，对每一增值环节，国家都要征收增值税，假如增值税税率为17%，那么该如何计算缴纳增值税呢？

我国增值税采用抵扣制。购进价格和销售价格的差额作为计税基数，并在发票上注明增值税额。与购进价格相关的增值税称为进项税额，与销售价格相关的增值税称为销项税额。每一流通环节，销项税额与进项税额的差额就是应该缴纳的增值税。

下面，我们分析面包房的纳税，面包房应纳增值税为：

$(5.85 \div 1.17) \times 17\% - (3.51 \div 1.17) \times 17\% = 0.34$（元）

我们再来分析食品店的应纳增值税：$(9.36 \div 1.17) \times 17\% - (5.85 \div 1.17) \times 17\% = 0.51$（元）

想想看，食品店、面包房以及面粉厂的税金由谁负担呢？实际上都由消费者负担，消费者在购买面包时为税收买单。

2. 消费税

对于一些特殊商品，除缴纳增值税外，还要缴纳消费税：

（1）化妆品——香水、口红、指甲油、眉笔等，税率为30%。

（2）烟的最高税率为45%。白酒的税率是25%，且每瓶酒再征收5角从量定额税。

[趣味知识] “烟民”和“酒仙”对国家税收的贡献都很大。试想想，唐朝大诗人李白如果在今天顿顿喝茅台，每瓶茅台酒500元，一天喝2瓶（暂不考虑李白的抽烟），我们计算一下李白应缴纳的消费税：

$500 \times 2 \times 25\% + 0.5 \times 2 = 251$（元）

一个月下来，李白喝茅台酒仅消费税一项对国家的税收贡献为：$251 \times 30 = 7530$（元）。

（3）其他应缴纳消费税的商品：

金、银首饰和钻石税率为5%。

鞭炮焰火税率为15%。

无铅汽油的消费税单位税额为每升1.0元；含铅汽油的消费税单位税额为每升1.4元。

高档手表：单位价值在1万元及以上的，税率为20%。

实木地板：税率为5%。

木制一次性筷子：税率为5%。

[案例分析] 前些年全国普遍流行木制一次性筷子，而最近几年木制一次性筷子逐渐淡出市场，大家想想看，原因何在？

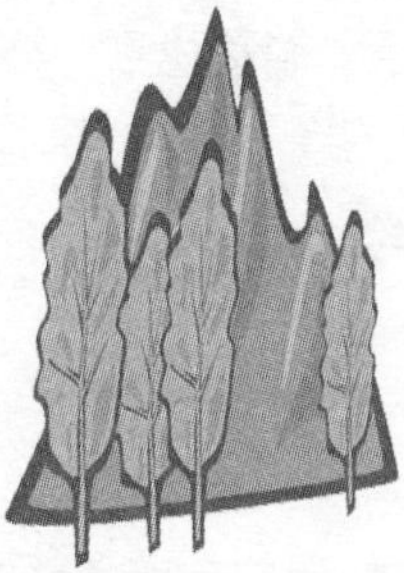

国家为了保护森林和树木，从2006年开始对一次性筷子征收消费税。生产一次性筷子的商家由于多承担消费

税，这无形中缩小了一次性筷子的利润空间，商家只好从成本方面找回来。由于成本的压缩，一次性筷子的质量明显下降，最后导致一次性筷子逐渐退出市场。这是税收政策的威力之所在，体现着税收的经济调控作用。

与此相对应，许多餐饮店为了减少一次性筷子的消耗，鼓励顾客使用消毒筷子，并给予餐费打折的激励措施。这在一定程度上加快了一次性筷子淡出市场的进程。

三、车辆消费与纳税

现代社会，大家经常讲买房买车。其实，买房属于投资，我们在前面已经介绍；而买车纯粹属于一种消费。买车时要支出一大笔钱，接下来就是要持续不断地花费高昂的养车费用：汽油价格居高不下，每年还要缴纳养路费、维修费、车船税等税费。

1. 个人购置车辆

个人购置车辆，是指购买、进口、受赠、获奖或者以其他方式取得车辆的行为。个人购置车辆要缴纳车辆购置税，在车辆购置时一次性缴纳，适用10%的比例税率。为扩大内需，促进汽车产业发展，对2009年1月20日至12月31日购置1.6升及以下排量乘用车，暂减按5%的税率征收车辆购置税。车辆购置税的计算公式如下：

车辆购置税 = 计税价格 × 适用税率

对于不同情况下的车辆购置行为，计算车辆购置税的计税价格有所区别：

（1）购买车辆时，其计税价格 =（购车的全部购买价格 + 价外费用）÷（1 + 增值税税率）

（2）进口车辆：计税价格 = 关税完税价格 + 价外费用 + 消费税

（3）其他方式：计税价格 = 国家规定的最低计税价格

［案例分析］ 小张购买一辆国产轿车，购买总价款为 11.7 万元（含增值税），计算应缴纳的车辆购置税。

11.7 ÷ (1 + 17%) × 10% = 1（万元）

车辆购置税的纳税技巧：先购买汽车后配豪华座椅、高档音响、天窗等。这样可以适当降低计税价格，从而节约车辆购置税。

车辆购置税的优惠政策：留学人员购买的自用国产小汽车免征车辆购置税。

在现代社会，车辆已成为基本的代步工具。但就中国目前消费水平而言，价值超过 40 万元的车就是奢侈品，车辆不仅仅是代步工具，而且已经成为个人形象的标志；如果车的价值超过 60 万元，那么车就成为财富的标志，许多人动辄开奔驰、宝马，其主要目的不是为了代步，而是为了展示财富。

2. 个人使用车辆

个人使用车辆，就要持续不断地在车辆上花销大笔开支。这里撇开养路费、维修费不说，仅就养车过程中的税金算一笔账。

燃油费中含有消费税，维修费中含有营业税，这都属于价格中包含的税金。除此之外，个人使用车辆还要缴纳车船税。自2007年起，在中国境内，车船的所有人或管理人必须缴纳车船税，车船税取代了过去的车船使用税及车船使用牌照税。车船税的基本标准由国家制定，各地执行时可以灵活掌握。车船税的基本税目税额表如表5－1所示。

表5－1　车船税税目税额表

税　目	计税单位	每年税额	备　注
载客汽车	每辆	60元至660元	包括电车
载货汽车	按自重　每吨	16元至120元	包括半挂牵引车、挂车
三轮汽车低速货车	按自重　每吨	24元至120元	
摩托车	每辆	36元至180元	
船舶	按净吨位　每吨	3元至6元	拖船和非机动驳船减半

免征车船税的个人车辆：（1）非机动车船；（2）拖拉机；（3）捕捞、养殖渔船。

3. 个人转让二手车

个人转让二手车的基本税收政策如下：

（1）转让价格低于原值的，不需要缴纳个人所得税；

（2）转让价格高于原值的，对转让取得的所得，按照财产转让所得计算缴纳个人所得税。

个人理税突破

第6讲

个人理税不仅要掌握基础知识，而且还要掌握精深的操作技巧，同时还要培养一种大手笔的理税突破。本讲给大家谈谈个人理税的五大突破策略。

策略之一：巧用赠与

赠与是一种无偿赠送行为。在个人的日常生活中经常会发生赠与行为。我国目前没有开征赠与税。对赠与行为，分以下三种情况区别对待：

1. 车与房的赠与

房产赠与行为，受赠人要缴纳契税；车辆赠与行为，受赠人要缴纳车辆购置税。书立合同的赠与行为，还要缴纳印花税。

为什么要缴税呢？因为要过户。如果房子给亲属朋友住，无论居住多长时间，只要是不赠与不过户，就不需要缴税。车辆也是一样，让你的朋友无偿使用，无论使用多长时间，只要不赠与不过户，也不需要缴税。

2. 物品、钱财的赠与

日常物品（如彩电、冰箱、洗衣机、家具、衣服等）的赠与行为不缴税。

贵重物品（如金银首饰、古玩字画等）的赠与行为也不缴税。

这些纯粹属于个人行为。因为这些物品不记名，不需要过户，所以也不需要缴税。大家要注意：如果单位对个人捐赠物品，单位必须代扣代缴个人所得税；如果个人对单位捐赠物品，个人不缴税，单位要按照受赠物品的入账价值计算缴纳企业所得税。

[案例分析] 一家房地产公司的老总，拟将一幅名画送给一个政府官员，那幅画是明代一个著名画家画的，价值上百万，这幅画是以公司名义买来的。由于捐赠给个人，不属于公益性捐赠，所以，公司赠送给个人时要代扣代缴个人所得税。况且捐赠这么贵重的物品，恐怕会被认定为商业贿赂行为。

对于这样一种捐赠行为，如果以个人名义赠送，就

不需要缴税。但这里有一个前提，即那幅名画首先要由个人拥有，然后再以个人名义捐赠给个人，就可以实现不缴税。

3. 公益性捐赠

国家鼓励个人进行公益性捐赠，个人通过社会团体、国家机关向教育和其他社会公益事业，以及遭受严重自然灾害的地区、贫困山区捐赠的，捐赠额可以冲减其应税所得。比如，一个人月薪 5000 元，他向希望工程捐赠 1000 元，则这 1000 元在计算个人所得税时可以从应税所得中扣除，但捐赠扣除额一般不超过应税所得的 30%。

美国微软公司的领袖比尔·盖茨非常了不起，他所创立的微软公司应用计算机技术彻底改变了世界，他个人也因此成为世界首富。他成功不忘捐助社会，在美国设立慈善基金会。一方面使更多的人得到慈善救助，另一方面也降低了他个人的税收支出。

策略之二：抵减项目

个人理税，要充分利用抵减项目和免税项目节税。日常生活中涉及到的抵减项目、免税项目主要有以下几类：

1. 交通费补贴、通信补助费、差旅费津贴、误餐补助单位给予个人的一定标准的交通补贴、通信补助费、差旅费津贴、误餐补助等属于免税项目。

2. 独生子女补贴、托儿补助费免税

3. 按规定缴纳的住房公积金、医疗保险金、基本养老保险、工伤保险、失业保险、生育保险免税。

4. 对个人（包括外籍个人）从事技术转让、技术开发业务以及与之相关的技术咨询、技术服务业务取得的收入，免征营业税。

［**拍案说税**］ 有一位美国脱衣舞女，整胸手术花费 2000 美元，美国税法规定，一般的化妆手术美容费不能作为个人收入的抵减项目。但另有税法规定，只要开销与挣取收入有直接关系，没有开销就挣不到相应的收入，这类开销可用于抵税。

税务局认为舞女整胸虽然间接与增加收入有联系，但毕竟是美容的一种。另外舞女也不是 24 小时都跳脱衣舞，而整过形的乳房却整天在她身上，按工作时间来算，至少有一半时间所整的乳房没有为增加收入起任何直接促进作用，所以不能抵税，至少不能全部抵税。

舞女则取税法对她有利的解释，从舞女的角度来看，

因为整胸美容，她才能在表演脱衣舞时吸引更多的观众，挣取更多的收入。对她来讲，整不整胸，不仅是能增加多少收入的问题，更重要的是能否有收入的问题，可以说没有整胸就没有收入。税务局最后同意了她在交税时扣除整胸手术费。

策略之三：合同约定

在日常生活中，合同与税收的关系很密切。个人经常会遇到提供劳务服务的机会，这时签订合同方式不同会带来不同的效果，对个人的税后收入也会产生一定的影响。

个人涉及到劳务报酬合同，常见的条款是：甲方支付全部劳务报酬，费用由乙方自负。其实，这种条款不利于节省税款。最好的劳务合同模式应该是由甲方承担相关费用，乙方获得净报酬。

[案例分析] 王老师给某企业的经理层人士授课，关于讲课的劳务报酬，双方在合同书上这样约定："甲方（企业）给乙方（王老师）支付10天讲课费5万元人民币，往返交通费、住宿费、伙食费等一概由乙方负担。"王老师共获劳务报酬50000元，自己支付交通费、住宿费、伙食费等费用10000元。王老师应如何纳税？

依税法规定，王老师应按50000元缴纳个人所得税。

应纳个人所得税额＝50000×（1－20%）×30%－2000＝10000（元）

企业支付给王老师的税后报酬＝50000－10000＝40000（元）

王老师扣除相关费用后的实际净收入＝40000－10000＝30000（元），则王老师实际只获得30000元的收入。

如果对该劳务合同进行修改，王老师就可以获得更多收益。即将合同中的报酬条款改为“甲方向乙方支付讲课费40000元，往返飞机票、住宿费、伙食费全部由甲方负担。”则王老师拿到的40000元收入为应税所得，即王老师按40000元缴纳个人所得税。

应纳个人所得税额＝40000×（1－20%）×30%

−2000 = 7600（元）

王老师获得的实际净收入 = 40000 − 7600

= 32400（元）

订立合同时可以从以下几个角度考虑纳税问题：

（1）合同上最好将费用开支的责任归于企业一方，因为这样可以减少个人劳务报酬应纳税所得额，同时又不会增加企业额外负担。

（2）如果可能的话，可以将一次劳务活动分为几次去做，这样就可以使每次的应纳税所得额相对降低而适用较低的税率。所以，劳务报酬分次计税可实现节税。

（3）一定要注意在合同上约定税款由谁负担，税款支付方不同，最终收益也不一样。这里蕴含着一种税负转嫁的思想。

分析上述案例，企业方为什么能接受修改合同的做法呢？从企业方来说，其实际支出没有增加，甚至还可能有所减少。这是因为：

（1）对企业来说，提供住宿比较方便，伙食问题一般也容易解决，因而这方面的开支对企业来说可以比个人自理时省去不少，企业的负担因此会减轻。

（2）合同约定的讲课费少了，相应所需缴纳的个人所得税也降低了。虽然由企业缴纳税款，但实际上企业只是代扣代缴，真正的税收负担者是个人。

（3）费用的分散及减少使得企业列支更加方便，因此企业乐意接受。

策略之四：挂靠单位

许多从事律师、会计师、设计师等职业的个人，面临着一个税收难题。比如某位律师做一家单位的法律顾问，他的顾问费收入属于劳务报酬所得，需要缴纳个人所得税。劳务报酬所得的税负还很重，你有没有办法筹划一下呢？

一个最简单的思路：就是让律师成为顾问单位的员工，受聘于该顾问单位，顾问费转化为工资薪金形式。但这样会使律师的服务范围和业务活动受到限制。

另外一种突破思路：如果律师找一家律师事务所挂靠，顾问费收入以律师事务所的名义收取，由律师事务所出具发票，则这笔收入只需缴纳营业税。而律师本人可以作为合伙人之一，通过工资薪金、费用开支等形式获得回报。

这一突破思路的基本原理是把个人与单位之间的交易或业务转变成单位与单位之间的交易或业务，实现合理节税。

策略之五：创办公司

还有一些个人，拥有一技之长。在条件成熟时，可以创办公司合理节税。比如，购房买车时就面临着以个人名义购买，还是以公司名义购买的抉择？

先看汽车，如果以个人名义购买，则汽车不属于公司的财产，汽车的日常费用不能在公司列支，汽车也不能在公司账上提折旧。相反，如果汽车放在公司名下，不仅公司可以提折旧，而且与汽车有关的燃油费及维修费等也可在公司账上列支。但提醒大家注意的是，如果企业购买车辆并将车辆所有权办到股东个人名下，其实质为企业对股东进行红利性质的实物分配，应按照“利息、股息、红利所得”项目征收个人所得税。考虑到该股东个人名下的车辆同时也为企业经营使用的实际情况，允许合理减除部分费用，减除的具体数额由主管税务机关根据车辆的实际使用情况合理确定。

对房产，处理思路与汽车差不多。但大家需要注意的是，房产比汽车的寿命期限要长得多，汽车8~10年就会报废，而普通住宅的产权是70年，商业用房也不短于50年。所以，对房产来说，以个人名义购买，然后出租给公司使用，也不失为一种较好的处理思路。以公司名义购房还是以个人名义购房，还要考虑到日后房产转让纳税问题，这需要作进一步测算。

对个人将非货币性资产进行评估后投资于企业，其评估增值取得的所得在投资取得企业股权时，不征收个人所得税。在投资收回、转让或清算股权时如有所得，再按规定征收个人所得税，其“财产原值”为资产评估前的价值。

创办公司的纳税好处还在于能够通过公司的运转为股东个人提供费用或设施，如公司为股东报销一些费用，或者提供办公和家庭通用的设备（如小汽车、电脑、办公家具等），只要不改变产权，就不作为对股东的分配，不征收个人所得税。

利用资本公积转增资本享受免税待遇。税法规定：股份制企业用资本公积转增股本不属于股息、红利性质的分配，对个人取得的转增股本数额，不作为个人所得，不征收个人所得税。但股份制企业用盈余公积金派发红股属于股息、红利性质的分配，应对个人取得的红股征收个人所得税。所以，利用资本公积转增资本可以适当减轻股东的个人所得税支出。

需要提醒大家注意的是：开办公司是一件很复杂的事情，不仅仅是税收问题，一系列其他相关问题也会接踵而来。所以，公司纳税远比个人纳税复杂得多。关于公司理税技巧，将在“下篇——公司理税技巧”中详细介绍。

下篇

公司理税技巧

第7讲 公司纳税理念

一、纳 税 意 识

在美国纽约，有位女士家里养的一只猫爬到房顶上去，自己下不来了。情急中，她打电话向警察局求助。警察特意跑来，搬梯子上房，帮她把猫救了下来。有人奇怪地问她：“为什么警察可以管这种事？”她不假思索地反问道：“为什么不可以？他们花的是我们纳税人的钱！”

美国人这句意料之外、情理之中的幽默话，使我们想到了纳税人和政府之间的关系。从某种意义上说，在市场经济下，政府实质上是一个特殊的产业部门——提供公

共物品和服务。正如人们到商店买东西需要为之付款一样，政府提供的公共物品和服务也不是“免费的午餐”。纳税人为消费公共物品和服务的付款，是以纳税的方式来完成的。因此，对于生活在现代社会的纳税人来说，既要依法履行好纳税的义务，又要充分享受公共物品和服务的权利。这两个方面的有机结合与统一，便是人们通常所说的纳税意识。

[拍案说税] “生命一号”税案内幕。

许多企业对税收问题不够重视，以至于酿成大祸。2006年6月1日上午闭幕的广东省十届人大常委会第二十五次会议通过决议，接受罗泽勤辞去十届全国人大代表职务的请求。罗泽勤是何许人？她辞去人大代表职务又是因为什么？

罗泽勤是广东十八宝医药保健品有限公司董事长兼总经理，2006年她才不过45岁，2003年当选为十届全国人大代表，同年获广东省优秀民营企业家称号。她创立并领导的企业因成功研制“生命一号”而名噪海内外，她的企业在全国建立了29个分公司和8万多家销售网点，年均销售额达到10亿多元。

万万没有想到，就是这样一家对国家和社会有着突出贡献的企业竟然也存在偷税行为。税务机关在社会举报的基础上对其纳税情况进行重点稽查，最终水落石出，查明真相：2002年1月至2004年10月，该公司虚开农副产品收购发票15279份，申报抵扣增值税进项税额2536.5万元；不按规定开具农副产品收购发票5422份，申报抵扣增值税进项税额746.4万元；以不符合规定的和为自己虚开的农副产品收购发票入账，虚列、多报成本和费用，共计偷漏企业所得税5135万元。根据《中华人民共和国税收征收管理法》及有关规定，税务机关对其偷税行为进行处罚，补征税款8417.9万元，加收滞纳金和罚款分别为1715万元和1268万元，累计金额达1.14亿元。税务机关已于2006年将税款、滞纳金、罚款全部追缴入库，并以涉嫌偷税罪将当事人移送公安机关。

对于“生命一号”税案，在惋惜之余，我们也应从中吸取教训。“生命一号”税案到底给我们带来哪些启示呢？

启示一：依法纳税永远是正确的。

现代税收具有强制性、固定性、无偿性三大特征。对每一个企业来讲，遵纪守法是一项应尽的社会责任，依法纳税是每个企业应尽的社会义务。

君子爱财，取之有道。企业家追名逐利原本是无可厚非的，但不允许利用偷税手段来达到这一目的。企业家的政治生命也很容易被税收所累，政治生涯止于偷税行为。

启示二：警惕偷税惯用伎俩。

企业惯用的偷税伎俩在“生命一号”税案中显露无遗。结合该税案，将企业常见的偷税手法概括如下：

手段之一：纳税人虚开增值税发票，尤其在特殊环节寻找所谓的“税收空间”。“生命一号”虚开或不按规定开具农副产品收购发票，多申报抵扣进项税额3000多万元。对于增值税的特殊业务，如运输、废旧物资收购、农副产品收购等方面极易出现虚开或不按规定开具发票行为，这应引起社会的广泛关注。

手段之二：纳税人销售商品时不开发票或者少开发票，从而隐瞒收入偷逃税款。“生命一号”通过不开发票，少开发票的方式，以降低销售环节的税收。这是典型的偷税行为，属于国家重点打击的税收违法犯罪活动。

手段之三：虚列成本费用偷逃税款。“生命一号”还采用虚列成本费用的手段偷逃税款。罗泽勤作为企业老总，每年在企业报销的个人消费高达几百万元，这是不符合税法规定的，也属于一种典型的偷税行为。

二、征税与纳税：一对冤家

记得有位税务专家说过：“在中国漫长的封建社会，一部税收史，就是一部税收抗争史。”中国封建社会的苛捐杂税很多，严重压榨着身居底层的劳动人民。唐代诗人杜荀鹤有两句描写税收的著名诗句：“任是深山更深处，也应无计避征徭。”

说起税收，大家不妨来看一下古汉语中的“税”字，左边是“禾”右边是“兑”，其含义是“用禾苗向国家承兑捐税”。大家肯定猜到了，我国最早的税起源于农业，农民耕种土地要向国家交税，国家为农民提供土地资源要向农民征税。最早的税表现为农业税，正所谓：税敛之于民，民以“禾”为“兑”，这便是“税”字的起源和最好诠释。

商代有著名的井田制，《孟子》记载：“方里而井，井九百亩，其中为公田。八家皆私百亩，同养公田，公事毕，然后敢治私事。”所谓的井田制，就是把一定数量的土地分成九块，将周边八块分给八家农户耕种，属于私田，政府不予征税。中间的那块属于公田，由八家共同耕种，公田的收入全部上缴国家。如果我们作一个简单计算：公田的收入作为税收，占全部农田收入的1/9，那么农业税的税率也就相当于1/9，即11.1%，这就是“井田制”下的纳税模式，也是中国早期农业税的雏形。

对于企业和税务机关来讲，纳税和征税永远是一对矛盾。但我们要辩证地看待征税和纳税之间的矛盾。

在西方国家，政府征税被形象地称为“拔鹅毛”，征税的艺术被称为“拔鹅毛的艺术”，其最佳效果是“既要拔鹅毛，又不让鹅叫”，也就是不要让纳税人感到税收的压力。反过来，如果鹅毛拔多了，鹅就不让拔了，鹅会选择逃离，最终的结果是征税行为直接影响到经济的发展。所以，征税的艺术是“拔鹅毛而不让鹅叫”的艺术。

对企业来讲，纳税之道是顺应国家政策、不偏不倚地合法纳税；对于政府征税要像大禹治水一样，正确引导纳税人依法纳税，而不是横征暴敛、强行征收。

我很欣赏一个有关税收征纳的比喻——渔网理论，我把它称为税收辩证法。渔民在出海打鱼之前先编织渔网，然后在大海浪涛中利用渔网打鱼，打鱼过程中可能会出现一些漏网之鱼，这是一种必然现象。鱼之漏网，原因不在鱼，而在于网，网眼太大鱼就会从网里钻出来，这是鱼渴望生存的天性使然。而渔民不应该去抱怨鱼，而应该想办法织好自己的网。以此比喻税收征纳极为贴切。由于税法这张“渔网”总会存在“漏洞”，企业总会千方百计地规避税收，这原本是无可厚非的。如果企业没有规避税收的欲望，企业也就成为了一条“死鱼”。政府一旦发现税法这张“渔网”有破损，网眼比较大，第一反应就是修补“渔网”，而不是去抱怨“漏网之鱼”。

三、税务风险防范

一位在税务师事务所工作的朋友，有一次大家喝茶聊天，他说最怕碰到三类企业老板：

第一类老板心平气和地说：“你们帮我造一本查不出来的账！”

（假的东西始终是假的，假账终究会被识破，怎么可能做到？）

第二类老板很牛气地说：“某某税务局长跟我关系很铁，经常在一起喝酒，称兄道弟。不用担心，税收不会出问题的！”

（局长肯定不是圣人，也要有朋友，也要食人间烟火，但是喝了酒吃了饭就能搞定吗？不知道。）

第三类老板是等到出问题了才匆匆找来，并着急地说：“你们先帮我搞定这个问题再说！”

（税务师事务所都成菩萨了！正所谓临时抱佛脚，是否已经晚了？）

我朋友所讲的三类老板的故事其实是在谈企业的税务风险，所谓税务风险，给一个通俗的说法就是企业因违反税法规定而导致未来经济利益损失的可能性。税务风险不外乎两种结果：一是企业白白多付出税款，二是企业因为少缴或迟缴税款而受到法律制裁。

［税案分析］ 有一家事业单位改制，新成立一家经营性企业。由于人手短缺，该事业单位的很多职工都在新成立的企业兼职，兼职人员在两个单位同时获得劳动报酬。这里想问大家的问题是：一个人同时在两个单位工作，拿到两份劳动报酬应该如何纳税呢？

财务部是这样做的，对兼职人员在两个单位拿到的劳动报酬，分别作为工资薪金单独计税，即在两个单位都根据九级超额累进税率代扣代缴个人所得税。按照你的直观判断，这种做法正确吗？

税法中有这样的规定，对于个人在一个月获得两份工资的，应对两份工资合并计税。财务部还有人认为，即把两份工资加到一起作为一次收入，减除2000元的免征额，然后按照税法规定代扣代缴个人所得税。

其实，上述两种做法都不正确。工资薪金是单位给予雇员的劳动报酬。如果一个人不属于单位的雇员，是不能够拿工资薪金形式的报酬的。我国劳动法规定，一个人只能和一个单位签订合法的劳动合同。所以，一个人不可能在两个单位同时领工资薪金。按照劳动法和税法的要求，兼职人员应该选择其所服务的一家单位的劳动报酬作为“工资薪金所得”来缴税，其余单位的劳动报酬一律视为“劳务报酬所得”来计算缴纳税金。这里需要特别明确的是，雇员和单位之间签订的是劳动合同，而非雇员和单位之间签订的是劳务合同。

还有一种特殊情况，如果单位的一位老员工退休后又被返聘回来，那么该返聘员工的劳动报酬应该如何纳税呢？有人认为，返聘员工不再是正式雇佣的员工，应该按照劳务报酬缴纳个人所得税。其实这种说法是不对的，我国税法规定，返聘员工的劳动报酬依然按照“工资薪金所得”缴纳个人所得税，而不是按照“劳务报酬所得”计税。

上述案例说明了一项经济业务（或事项）的纳税可能会受到多种法律制度的约束，而不仅仅局限于税法规定，这是大家需要特别注意的。

企业的税务风险一般来源于以下四个方面：

一是税法本身存在着一定的缺陷和不完善性。这种不完善性再加上税收政策变化比较快，纳税人很容易陷入“税收陷阱”，造成一定程度的纳税风险。

二是税务机关拥有税法的解释权和自由裁量权。税务机关既是税法的制定者，又是税法的执行者，他们有权对税法作出解释，这在主观上就很容易对纳税人造成伤害。

三是经济环境中的虚开、代开发票以及经济舞弊等行为，也给纳税人带来一定的税务风险。

四是来源于纳税人自身的税务风险。纳税人在纳税观念、法律意识、业务水平方面存在欠缺，也极易在纳税过程中形成税务风险。

[税案分析] 王老板开办的公司从韩国购买所需的材料，已在海关缴纳了进口增值税和关税。在生产过程中，产生了一些废弃的下脚料，王老板就把下脚料卖给了废品收购站。

王老板认为，这些废料在进口时已在海关缴了税，因此，此举是一项正常的商业行为，不应该再缴税。当国税局的稽查人员找上门时，王老板认为税务机关是在故意找茬，并理直气壮地拿出了相关发票和完税凭证。

请问：王老板的做法对吗，为什么？

这个案例涉及到纳税环节问题。对企业来说，税收通常是分环节缴纳的。企业从韩国进口材料所缴纳的税款属于进口环节税收，而把下脚料再卖给废品收购站，这又构成一个纳税环节。所以，王老板把下脚料卖给废品收购站时还必须缴纳销售环节税收——增值税。

这个案例说明了税收是按环节征收的，一个环节的税收不能替代另一个环节的税收。

税务风险猛如虎。那么，面对税务风险，企业应该如何防范呢？下面给你说几招：

招法一：拒绝挂靠

尽量不要挂靠别人，也不要让别人挂靠。比如替别人开发票，或者找别人开发票。一旦陷入这些扯不清的关系和利益纠纷中，会使纳税问题变得风险重重。

招法二：定期检查

企业应该定期进行纳税检查，检查税款计算是否正确，检查账务处理是否合适。尤其涉及到税款少交或多交的情况，更要仔细检查。一旦发现错误要及时更正，不仅是税款，还有错账。

招法三：聘请税务律师

当前在社会上有一个职业特别火爆，那就是税务律师行当。税务律师作为一种精通税法的律师，能更好地为企业解决税务纠纷问题。

招法四：开展纳税筹划

在企业经营管理实践中，要准确及时地编制税收规划，设计纳税筹划方案，依法纳税，合法节税。

第8讲

聚焦纳税管理

一、税收大家庭

我国目前开征 18 种税，可以大致分为以下几类（如图 8－1 所示）。

（1）流转税，包括增值税、消费税和营业税。

（2）所得税，包括企业所得税和个人所得税。

（3）资源税，包括资源税和城镇土地使用税。

（4）特定目的税，包括城市维护建设税、耕地占用税、车辆购置税和土地增值税。

（5）行为税，包括印花税、证券交易印花税和契税。

（6）财产税，包括房产税、车船税等。

（7）农业税，目前仅包括烟叶税。

（8）关税。

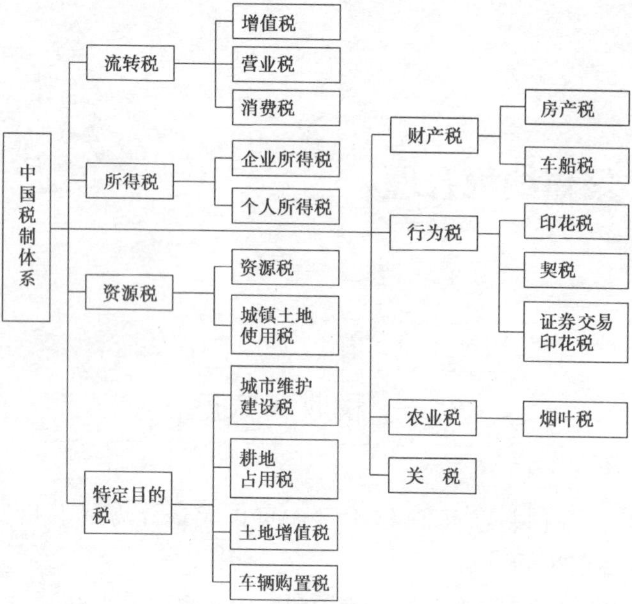

图 8－1　中国现行税制体系图

我国有一些税种已经停征，如外商投资企业和外国企业所得税、固定资产投资方向调节税、城市房地产税、农业税、牧业税等。

最常见的是流转税和企业所得税，两者有很大的区别。流转税与商品的流通有关，根据流转额征税，如对货物销售收入征收增值税，对餐饮服务收入征收营业税，对实木地板的销售收入除征收增值税外，还要征收消费税。企业所得税是对经营净利润征税，即只有在企业盈利时才征收，企业亏损时不征收。

[案例分析] 某建材商城销售实木地板，每平米100元（不含税），一位顾客购买100平米，建材商场属于增值税一般纳税人。则建材商城不论盈利还是亏损，都需要缴纳增值税和消费税：

应缴增值税 $=100\times100\times17\%=1700$（元）

消费税 $=100\times100\times5\%=500$（元）

你不仅要问，面对这么多种税，企业到底应该缴哪些税？

这里首先澄清一个观念，一个企业并不是什么税都要交！不同的企业，其经营范围和业务内容不同，所需要缴纳的税种也不同。

序号	纳税人类别	应纳主要税种
1	开采地下资源的单位和个人	资源税、增值税、企业所得税、个人所得税
2	生产货物的单位和个人	增值税、消费税、企业所得税、个人所得税
3	从事加工、修理修配劳务的单位和个人	增值税、企业所得税、个人所得税
4	商业批发、零售的单位和个人	增值税、企业所得税、个人所得税
5	国际进出口企业	关税、增值税（进口）、企业所得税、个人所得税
6	金融、保险企业	营业税、企业所得税
7	建筑施工、房地产开发企业	营业税、土地增值税、企业所得税
8	从事其他第三产业的单位和个人	营业税、企业所得税、个人所得税

此外，企业通常还要缴纳印花税、城市维护建设税、车辆购置税、车船税、房产税等。

思考题：你知道房地产企业要缴哪些税吗？从事房地产代理销售的经纪公司要缴纳哪些税？

你的答案：________________

____

____

____

国家对纳税人的税务管理遵循属地原则，即纳税人受其生产经营所在地的税务机关管辖。我国一般按照县、市、区进行管理。为了方便税收管理，中央政府设立国家税务总局，省及省以下税务机构分为国税系统与地税系统两部分，国税局和地税局征收的税种是有区别的，中央和地方在税收收入方面是有分成比例的。

小资料

中央与地方税收划分

分税制把税收划分为中央税、地方税以及中央和地方共享税。下面的税种哪些是中央税，哪些是地方税，哪些是中央和地方共享税，你能区分开吗?

①增值税；②消费税；③关税；④企业所得税；⑤个人所得税；⑥城镇土地使用税；⑦房产税；⑧土地增值税；⑨车辆购置税。

我国中央与地方税基本分类如下：

(1) 中央税包括消费税、关税、车辆购置税等；

(2) 地方税包括城镇土地使用税、房产税、土地增值税等。

(3) 中央和地方共享税包括增值税、企业所得税、个人所得税。其中，增值税中央占75%，地方占25%；铁道部、各银行总行及海洋石油的企业所得税划归中央外，其余的企业所得税中央占60%，地方占40%；个人所得税除个人储蓄利息所得归中央外，其余的中央占60%，地方占40%。

二、莫忘税务登记

作为纳税人，你应该关注纳税管理，熟悉纳税流程，配合税务检查，不仅严格履行纳税义务，还要维护企业合法权益，做个明白的纳税人。

[税案分析] A企业决定要从东城区搬到繁华的西城区，这次通知他们要先在东城区办理注销税务登记手续，然后在西城区重新办理税务登记。A企业的老总认为既然没有搬出城市，在东城区已经办理了税务登记，为何还要注销掉再到西城区重新办理，太麻烦了，不用理他们的通知。A企业老总的说法正确吗？

这个税案说明A企业的老总不懂得纳税管理。如果企业因各种原因搬迁到另一县、市、区的，必须先注销原来的税务登记，然后再到新的经营地办理税务登记。

一个企业在工商部门注册成立后，应该在领取营业执照之日起30日内，到经营所在地税务机关申报办理税务登记。如果企业没及时办理税务登记，税务部门会通知并进行处罚，没办理税务登记的企业也不能在银行办理开户手续。

提醒大家注意的是，在下列情况下，必须办理变更税务登记手续：

（1）机构名称、机构性质、法定代表人、经营地点发生改变；

（2）注册资金发生增减变化；

（3）改变隶属关系；

（4）改变生产经营期限；

（5）改变银行账号。

三、税款征收

[**税案分析**] A企业搬到西城区后，由于在本纳税期内没有应纳税款，A企业老总认为本期他们不需要纳税申报。A企业老总的认识是错误的，企业在本期内即使没有应纳税款，或者正在享受减免税优惠，也要向税务机关进行纳税申报。切记，不需要纳税的期间也需要正常申报。

B企业实行所得税分季预缴，本季应缴纳税款50万元，由于本期企业有重大投资项目，资金比较紧张，在发放工资缴纳社会保险之后，余额都不足缴税了。想到下个季度企业会有新品上市，B企业决定先拖欠税款，等新品上市后再缴纳。

15天的纳税期一过，B企业就收到税务机关的通知书，税务机关责令企业在本月月底之前必须缴清税款，否则，将会从下月1日起加收每日万分之五的滞纳金，并对企业实行税收强制执行。B企业的老总认为这只是税务机关的恐吓之词，还是没按期把税款缴纳。结果在下个月的20日那天接到开户行的通知，企业的存款50.5万元被划拨到国库以缴纳税款，其中50万元是税款，5000元是滞纳金。并收到税务部门开来的税收罚单25万元。B企业的老总一看傻眼了，投资项目将会受阻，损失惨重，还要缴纳 25 万元罚金（根据税收征管法规定：纳税人在规定的期限内不缴或少缴税款，处 50% 以上 5 倍以下罚款）……

国家征税是一件严肃的事情，纳税人逾期不主动纳税就会受到国家的惩罚。其实，如果 B 企业的老总了解税法，他完全可以避免这种结果。税收征管法第 31 条规定："纳税人因有特殊困难，不能按期缴纳税款的，经省、自治区、直辖市国税局、地税局批准，可以延期缴纳税款，但最长不得超过三个月。"

这里所说的特殊情况是指企业遇到不可抗拒的自然灾害，包括火灾、地震、台风等；以及当期货币资金在扣除工资、社会保险后，不足以缴纳税款的。因此，B 企业完全有机会申请到延期纳税，在 3 个月后，新产品带来的利润就可以缴纳税款了，而且也不用缴纳滞纳金，更不会被罚款。

税收滞纳金每天万分之五加收，该资金成本是很高的，如果一笔税款滞纳一年，相当于年利息率在 18% 左右，而银行年利率最高也不会超出 10%。

税务机关征税的方式主要有查账征收和核定征收两种。如果企业的财务会计制度比较健全，那么税务机关根据企业提供的会计凭证、账簿资料等征收税款，这叫查账征收。

如果企业的账簿资料不全，或者存在假账的情况，税务机关一般会采取定额征收的方式，即根据企业的规模、业务量等经营情况，定额征收税款。

四、税务检查

你单位接受过税务检查吗？税务机关主要通过哪些形式进行税务检查？税务机关有权把企业的会计资料调回检查吗？

1．税务检查的主要形式

（1）重点检查。公民举报、上级机关交办或有关部门转来的有偷税行为或偷税嫌疑的，纳税申报与实际生产经营情况有明显不符的纳税人及有普遍逃税行为的行业的检查，都属于重点检查。如果贵单位被税务机关重点检查，那可能就有大问题了。

（2）专项检查。税务机关根据税收工作实际，对某一税种或税收征管某一环节进行的检查，如增值税专项检查、个人所得税专项检查。

（3）临时检查。各级税务机关根据不同的经济形势、偷逃税趋势、税收任务完成情况等综合因素，在正常的检查计划之外安排的检查，如房地产业偷税检查。

2. 资料调回检查

税法规定，有特殊情况的，税务机关可以将纳税人当年的账簿、记账凭证、报表等会计资料调回检查：

（1）涉及增值税专用发票检查的；

（2）纳税人涉嫌税收违法行为情节严重的；

（3）纳税人及其他当事人可能毁灭、藏匿、转移账簿等证据资料的；

（4）税务机关认为其他需要调回检查的情况。

［税案分析］ 两套账被查处追缴税款80万元。

因市场竞争激烈，酒店经营不景气，某酒店的经理及财务部长商议决定在税收上做文章，即每个月少报营业额30～50万元不等，生意好的时候会少报60～80万元，同时作两套账，一套是内部账，用于决策和管理；另一套是外部账，用于报税。

税务稽查人员根据举报线索，对该酒店进行税务检查，查实了两本账的内幕。经税务进一步核实，该酒店一年下来偷税达50万元，最后税务作出了补税、缴纳滞纳金和罚款合计金额达80万元的处罚决定。

第 9 讲　发票里的学问

一、发票的作用

[拍案说税]　我有一位要好的朋友，经常在一起聊天，聊天是一个人获取知识、不断进步的好办法。我们也经常到酒店聚餐，我记得清清楚楚，我们每次付款时他都向酒店索要发票，我这位朋友可是一家大型企业集团的财务总监。有一次，大家忍不住就问他，是不是索要发票回去报销啊？我的那位朋友说，发票该报销的报销，不该报销的不报销。

那他为什么每次还会索要发票呢？还是看我朋友的回答吧！朋友是这样说的："我之所以索要发票，是为了不让酒店偷税，同时也防止国家税收流失。如果顾客不索要发票，酒店不会主动开发票，这样酒店就可能在账上不记这笔收入。”看来，我朋友还是挺有社会责任心和正义感的。

发票是国家控制税收的重要手段，大家知道发票作为原始凭证，是会计记账的基础。这种税收征管方式叫做“发票控税”。

对于企业来说，开出多少金额发票，就要按发票所列金额纳税。一些企业不愿纳税，也就不愿开发票。

一个典型的商业行为：商家不愿给顾客开发票，代之以一定的让利。在北京中关村科技大厦，如果顾客不索要发票，一般会得到商家5%的价格让利。这是什么原因呢？原来我国代理业、服务业的营业税税率是5%，消费者不索要发票就相当于商家不用缴纳营业税，所以商家为了规避营业税，会以让利方式“鼓励”消费者不去索要发票，这样商家就不反映营业收入，于是连企业所得税也顺便规避了。所以，一旦消费者接受商家这种让利替代开发票的商业模式，就助长了商家偷逃税款的不良风气。

为了解决这一问题，国家税务总局自2002年起开展“有奖发票”活动，起到了激励消费者索取发票的作用，也取得了一定的成效。但是这一举措有很大的局限性：第一，“有奖发票”仅是“抽奖”，并非每票必有奖，中奖的概率非常低。许多消费者反映，平时消费从来没有刮到过奖；第二，企业给消费者的价格让利优惠远远高于“有奖发票”的激励程度，商家让利体现得很明显、很直观，触手可及这也使“有奖发票”的激励作用大打折扣。

二、发票的合法性

[税案分析]　秀丽服装公司由于其服装价格低廉、质量过硬，订单纷至沓来。该公司的车辆已经远远不能满足运输的需要。公司经过研究，同意到市场上雇佣五辆货车补充运力。但令公司头疼的是，那五辆货车是个体运输不能提供运输发票，该公司在运输业务上无法抵扣进项税额。营销部经理出了个“绝妙”的主意：让外雇的五辆货车加油时，以秀丽服装公司的名义向加油站索要增值税专用发票，然后把发票交给公司，这样就可以抵扣油费的进项税额了。于是，就按这种方法操作，秀丽服装公司抵扣了部分进项税

额。

国税局在对公司进行税务检查时，发现进项税额中油料抵扣过多现象。进一步检查，发现了发票的背面有签字。原来营销部经理为了区分雇佣车辆与自己的车辆，凡是雇佣的货车所消耗的油料专用发票上都签上了“雇车运输，准予报销”字样。这一画蛇添足的管理举措，暴露了这些发票都是由雇佣车辆提供的。按照规定，雇佣车辆的油料费不允许在公司列支，也不允许抵扣进项税额，最后公司补缴税款并接受税务处罚。

这个案例说明了并不是随便什么发票都可以列支的，如果不属于企业正常经营活动应该取得的发票，也不允许列支。

许多企业经营者会问到这样一个问题：何谓假发票？当然，形式假、伪造的发票肯定是假发票；那么，形式真但业务假或者所列金额不真实的发票，算不算假发票呢？请读者朋友思考。

1. 注意采购发票的合法性

合法的采购发票有三类：

（1）由国家税务局监制的发票；

（2）由地方税务局监制的发票；

（3）由财政部门监制的行政事业单位收据。

上述三个部门监制的发票一般都在发票上有椭圆形或长方形的发票鉴证章，如果没有这些鉴证章一般被认为是假发票。

凡是税务检查中发现的不合法发票，一律视为白条

支出，并对企业作出补税甚至罚款的处罚。

2. 注意发票的内容

注意发票的内容是否准确、完整。比如，一个企业经理到外地开会，他从酒店拿回来的发票，既可能写会议费，也可能写餐费，当然还可能写住宿费。这时就要详细检查发票的内容是否与真实业务一致，有无虚假业务。不同的费用项目其账务处理结果是不一样的。如果发票开的是餐费，一般作为业务招待费；如果开的是会议费，只要提供参加会议的人员名单、会议主题、会议时间等，就可以实现税前全部列支。

3. 避免取得虚开、代开的发票

所谓虚开发票，是指商品的销售金额与实际交易数额不符。

所谓代开发票，是指销售方与发票开出方不一致。比如，A 卖商品给 B，却由 C 给 B 开票。

三、发票的管理技巧

[税案分析] 销售部张经理到外省出差，准备推广公司的新产品。他带了一些产品，还带了公司的发票，准备销售产品时开具。到月底，他把使用过的和没使用已过

期的发票给扔掉了。你认为张经理的做法是否正确?

其实，发票管理是纳税管理的重要环节，下面我们来看税务机关是如何对发票进行管理的。

首先，办理工商登记和税务登记后的单位和个人，在领取税务登记证后，可以向主管税务机关申请领取发票。在发生经营业务后，收款方应按规定填开发票。比如，甲公司为乙公司提供装修服务，装修费为60000元。则甲公司应为乙公司开具60000元的装修费发票。

根据发票管理办法，开发票的一般要求如下：

(1) 发票金额要按实际发生额填写，不得多开或少开；

(2) 发票全联一次填写，不得出现大头小尾现象；

(3) 发票不得跨省、自治区、直辖市使用。未经批准，不得跨规定使用区域携带、邮寄、运输空白发票；

(4) 开具发票要加盖收款方财务印章或发票专用章；

(5) 发票开具后，如发生退款退货的，必须先收回原发票并注明“作废”字样。如发生销售折让的，在收回原发票并证明“作废”后，重新开具发票。

发票要妥善保管，用票单位和个人按规定应将所开具发票的存根联统一装订保管并作为记账依据。没有使用的发票或已过期的发票要按规定上缴主管税务机关。购货方索取的发票一旦丢失，一般销售方不再愿意开具，最多只能提供证明或发票存根联复印件。

发票一般有入账时间的规定，往年的发票一般不允许在当年账簿列支，但对于漏记的费用，如差旅费、会议费等，一般在年度汇算清缴之前，能取得合法的票证凭据的，可在年度汇算清缴时进行扣除。

四、发票与收据的区别

除了发票，我们还能看到一种类似发票的票据，那就是收据。当前，收据的来源主要有以下四个渠道：

（1）军队监制的收据；

（2）财政监制的收据；

（3）税务监制的收据；

（4）经营单位自制或购买的收据。

收据与发票的最大区别在于，收据只能证明收款或付款活动，而一般不能作为记账的依据。收据一般并不作为纳税依据。但军队、财政、税务监制的收据一般也被视为原始凭证，可以据以登记记账凭证。

五、利用发票偷税现象与“洗钱”

（一）利用发票偷税现象

做生意离不了发票，假发票的使用既侵吞了国家利益，也会给纳税人的正常经营带来损失。近几年来发生的重大税收要案，几乎每起案件都与发票有关，企业总爱利用发票偷逃税款。

1. 大头小尾

一张发票分开填写，金额大的给客户报销、抵税，金额小的留给自己申报纳税。

2. 张冠李戴

发票的内容与实际经营内容不符，原来不能报销的物品、不能入账的费用，也堂而皇之地以各种管理费和礼品的名义入账。

3. 拒开发票

几乎每个消费者都有过购物被拒开发票的经历。这种情况一般多发生在与私营业主或个体户打交道时。你不主动索要发票，对方是不会主动给你的，就是你主动索要发票，对方还可能以今天发票刚好用完或暂缺发票为由拒绝提供发票。

4. 地下交易

在车站、码头、地铁等公共场所，常有票贩子兜售空白发票，有交通业、零售业、旅游业、餐饮业等各行业发票，种类齐全。

5. 以假乱真

通过现代印刷技术，伪造的假发票与真发票非常相似，难辨真伪，比如服务业发票或定额发票，虽有防伪标识，但真假肉眼难辨。

6. 开票公司

有些地方出现了专营发票业务的公司，人称“开票公司”。公司既没有固定场所，也没有正规业务，仅利用手中的发票，只要顾客交手续费钱，就可以随意填开。

（二）洗钱：隐蔽的违法偷税行为

社会上存在一些“洗钱”的不良风气。何谓洗钱？洗钱就是把非法所得转变为合法所得。“洗钱”有多种不同的形式，通过发票洗钱是最为常见的形式之一。

比如，一些单位领导以权谋私，收受贿赂，经常有一些“灰色收入”。他们担心事情暴露，往往通过一定的手段“洗钱”。最典型的现象就是由其家属或朋友开办一家公司，以经营的幌子把非法所得合法化。当“灰色收入”流进来时，开具发票并照章纳税，那些“灰色收入”就冠冕堂皇地成为正当收入了。

“洗钱”一般利用税率较低的行业或业务操作，或者利用税收减免优惠操作。文化体育业的营业税税率为3%，代理业的营业税税率为5%，且这些行业还有很多税收优惠。因此，“洗钱”就常利用一些低税率的劳务活动进行。劳务服务本身的弹性很大，收费没有固定标准，操纵空间大，操作灵活性强。一些非法所得只需缴纳较少的税金甚至不缴税金就可以披上合法的外衣。

图9-1揭示出合法所得与非法“洗钱”的区别。合法所得一般既有资金往来，又有商品或劳务服务，体现着资金流和物流的统一。而非法洗钱则只有资金往来，没有商品或劳务服务，或者商品或劳务服务仅是虚拟或者虚假的业务。

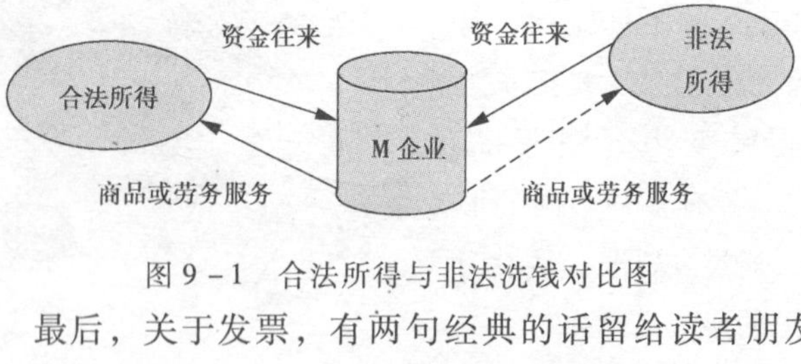

图9-1　合法所得与非法洗钱对比图

最后，关于发票，有两句经典的话留给读者朋友，请引以为戒：

收款后不主动开具发票，是贪污行为；

付款后不主动索要发票，是贿赂行为。

第10讲　揭开纳税筹划的面纱

一、走近纳税筹划

国家依法征税，企业依法纳税。纳税筹划是纳税人根据国家税收法律，通过对投资、经营、理财活动的事前谋划，以获取“节税”利益的一种活动。纳税筹划具有以下基本特征：

（1）合法性。纳税筹划活动不仅符合税法、会计法的规定，而且也符合国家宏观政策导向。

（2）超前性。税收是企业决策中必须考虑的重要因素，纳税筹划要在经营和投资活动之前进行。

（3）目的性。纳税筹划有两个目的，即降低企业税务风险和实现企业税后利润最大化。

（4）专业性。纳税筹划是一门集会计、税收、法律及管理为一体的综合性学问，其专业性很强。

世界各国对纳税筹划的法律界定存在分歧。瑞典认为，纳税筹划是纳税人充分利用各种税收法律，采取合法的手段获取立法者所期望的税收利益。

荷兰议会和法院承认纳税人有采用“可接受的方法”，用正常的途径来节税的自由，其特征是用合法的策略减少纳税义务。

二、偷税、避税与纳税筹划

1. 偷税

何谓偷税？偷税是指纳税人采取伪造、变造、隐匿、擅自销毁账簿和记账凭证，在账簿上多列支出或不

列、少列收入，从而达到少缴或者不缴税款目的的违法犯罪行为。我国刑法规定，偷税数额占应纳税额 10% 以上不满 30% 并且偷税数额在 1 万元以上不满 10 万元的，或者因偷税被税务机关给予二次行政处罚又偷税的，处 3 年以下有期徒刑或者拘役，并处偷税数额 1 倍以上 5 倍以下罚金；偷税数额占应纳税额的 30% 以上并且偷税数额在 10 万元以上的，处 3 年以上 7 年以下有期徒刑，并处偷税数额 1 倍以上 5 倍以下罚金。

前面谈到的“生命一号”税案所涉及到的行为就属于典型的偷税，是国家法律所不允许的。

2. 避税

何谓避税？避税是指利用税法的漏洞或空白，采取一定的手段少缴税款的行为。瑞典有一位企业主，因被税务机关指控长期不纳税，被法庭传讯。但他却振振有词地援引一条国家法令说：“一个人的心脏停跳快一年了，我是借助人工心脏生活的，所以当然不再纳税人之列。”律师和法院对这一棘手案件进行了多次辩论，仍然难以作出判决。

美国把避税解释为除逃税以外的种种使税收最小化的技术。美国制定了许多反避税条款，其指导思想是反对人为的避税技术，如果不是为了经济或业务发展的需要，而与偷税紧密相关的避税行为，则一般应予以制止。美国针对转让定价和递延税款等各种避税行径，往往处罚力度比别的国家更为严厉。

在中国，虽然没有对避税作出法律上的界定，但对跨国公司或关联企业之间利用转让定价等方式转移利润行为，已经规定了严格的纳税调整办法。

我国纳税实务中按照避税问题的性质，把避税分为以下两大类：

一是灰色避税。它是通过改变经济活动的本来面目来达到少缴税款的行为，或者是企业会计核算和纳税处理中所反映的信息不符合经济事实。灰色避税缺乏真实、合理的商业目的，即交易本身并非真正的商业交易。

［税案分析］ 王某兄弟二人开办一个私营公司，将已赋闲养老的父母均聘为公司正式员工，王老夫妇二人工作甚为轻松，但报酬优厚。如果王某兄弟不将父母聘入公司，则他们要先获得较高的个人收入（包括工资、薪金收入和红利所得），在扣缴了个人所得税后，用税后收入去赡养二老。现在让王老夫妇“上班”，并获得与其劳动明显不相称的工资收入，显然是利用了中国传统的家族关系，将本属于王某兄弟的个人收入分解转移到王老夫妇名下，这里只是利用了对公司人事安排和薪酬决策的便利，变相地转移了收入，规避了税收。

这种避税行为属于灰色避税，因其表象与事实不符，违背了税法精神，这是税法所不支持的。税务机关在掌握了有关证据后也是可以进行反避税的。

二是中性避税。它是利用现行税法的缺陷或漏洞，通过对经济活动的周密策划和恰当安排，将应税行为转变为非税行为，将高税负业务转变为低税负业务的避税行为。这里所谓的“税法漏洞”是指所有导致税收失效、低效的政策条款。税法漏洞由于税制体系内部结构的不协调性或不完善性而难以避免，这些条款往往自身规定矛盾或在具体规定中忽视某个细小环节，或者存在较大的弹性空间和不确定性。

比如，政府突然提高白酒消费税的税率，喜欢饮酒的消费者为规避高额税负便会减少对白酒的消费，转而增加对啤酒或者红酒的消费。这种因为税收负担而使消费者改变其消费偏好的避税行为，属于中性避税，在法律上不受约束，在道德上也不受谴责。

[税案分析] 2003年春季，中国大陆爆发了一场特殊的“非典”灾难。为了支持“抗非典”工作，《财政部、国家税务总局关于非典型肺炎疫情发生期间个人取得的特殊临时性工作补助等所得免征个人所得税问题的通知》（财税［2003］101号）规定：对于非典型肺炎疫情发生期间，在医疗机构任职的个人取得的特殊临时性工作补助等所得免征个人所得税。

根据这个政策，一些医疗机构及相关单位乘此机会大搞奖金分配和福利补助，从形式和内容上都与“抗非典”工作结合起来，利用税收政策规避个人所得税。避税成功的主要原因在于找到了税法中的一个漏洞。在这种特定时期，纳税人主动规范和界定自己的行为，利用税法漏洞避税，也是无可厚非的。

纳税筹划属于合法行为，严格区别于偷税与避税行为。三者之间的关系如下图所示：

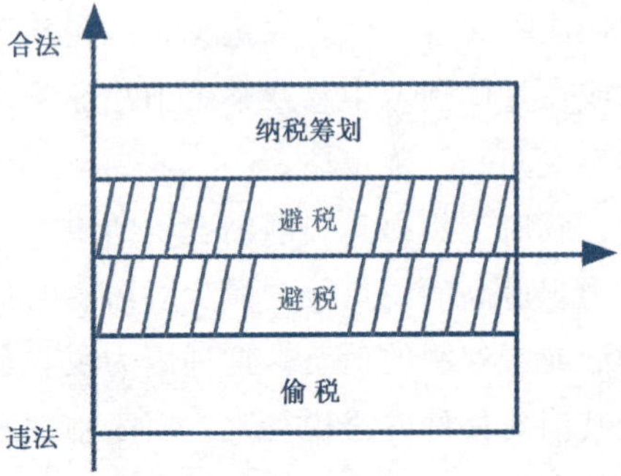

三、纳税筹划的三大设计思想

1. 流程思想

所有的经济业务都有流程，所谓流程就是经济业务发生发展的路线和次序。流程是可以改变的，主观因素和客观因素都可能改变流程。税收是和流程紧密相连的，税收产生于业务流程，不同的业务和流程决定着税收的性质和流量。因此，在纳税筹划方案设计时，还要充分利用业务流程再造的优势改变税收。

图 10－1 就是按照流程思想所绘制的企业的简易业务流程图，其中的业务流程主要涉及到采购、研发、生产、销售等。通过简易业务流程图有利于分析税收的形成过程。对于企业来说，许多税收都是在流程中形成的。**业务流程的改变可能会引起税收的改变，这就是纳税筹划的“流程思想”。**

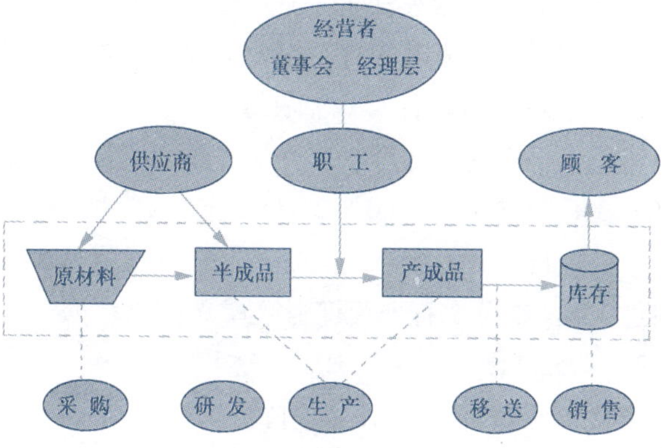

图 10－1　企业的简易业务流程图

［税案分析］　北方一家自动化设备生产企业，自己研发了一套软件配置在所生产的设备上，导致该设备售价比同类产品高出 30%，企业为此非常困惑：由于产品售价高，而企业为生产设备购进的材料并未增加，最终导致企业的增值税负担和企业所得税负担都很重。如果让你为企业出谋划策，你有没有好的税收筹划方法

呢？

从业务流程角度分析，设备售价高的原因主要来自于这套自主研发的软件。软件属于高附加值产品，设备的增值率因此而上升，而增值税负担主要源自设备的增值率。如果对生产企业进行拆分，专门成立软件公司，设备生产企业在向买方出售设备主体的同时，再由软件公司出售该套软件。买方购买设备和软件后，再把软件配置在设备上。虽然只对业务流程进行了细微调整，但纳税结果却发生了显著变化：在设备主体和软件交易过程中，买方外购的软件可以抵扣17%的增值税，而软件公司销售自产的软件可以享受优惠政策，其增值税负担仅为3%（财税［2000］25号文规定，增值税一般纳税人销售自行开发生产的软件产品，其增值税实际税负超过3%的部分实行即征即退政策）。

2. 契约思想

诺贝尔经济学奖得主罗纳德·H. 科斯（Ronald H. Coase）教授认为，公司的实质是一系列契约的联结。契约是与市场紧密联结的，市场经济其实就是契约经济。我们从契约角度考察税收关系，发现它至少包括两个层面：一是公司与税务当局之间，存在着一种法定的契约关系，这种税收关系是依靠征纳双方对税法的遵从来维护的。其实税法也是一种契约，属于公共契约，所以税务当局与公司之间存在着法定税收契约关系。二是公司与各利益相关者（包括股东、债权人、供应商、顾客、雇员等）之间，存在着微妙的博弈竞争与合作关系，他们之间的博弈合作是靠契约合同来维护的，这种契约合同其实是一种纯粹的市场契约。企业与其利益相关者之间的税收契约关系是完全建立在市场契约和市场交易规则基础之上的。

对纳税人来说，利用契约思想，可以在更大范围内、更主动地实现统筹规划，并按签订的契约统一安排纳税事宜以控制和降低企业税负。

［税案分析］　一家股份公司的董事长向所在的股份公司借款300万元购买别墅，并办理了个人借款手续。到第二年年底还未归还该笔借款。《财政部、国家税务总局关于规范个人投资者个人所得税征收管理的通知》(财税［2003］158号）规定，个人投资者从其投资企业（个人独资和合伙企业除外）借款，在一个纳税年度未归还的，且又未用于企业生产经营的应视为企业对个人投资者的红利分配，征收20%的个人所得税。由于该股份公司的财务人员没看懂上述文件，也没有对董事长的借款作出任何处理。税务稽查人员到企业检查，要求企业代扣代缴60万元的个人所得税，并加征滞纳金和罚款。

其实，如果利用契约思想进行筹划，完全可以改变上述现状。这里提供两个有关契约思想的筹划方案：

一是对董事长的个人借款，让其在次年筹备周转资金归还，进入第三个年度后再签订借款合同借出该笔款项。以后年度与此类同。这样要求董事长每年办理借款协议，每年筹备周转资金归还，就可以使每期的借款期限都不会超过 1 年，不需要负担任何税金。

二是在借款时就转变契约方，让董事长夫人（非公司投资者）以她个人名义去办理借款，从而可以摆脱上述政策的约束，即使借款超过一个纳税年度也不用视为分红纳税。

3. 转化思想

纳税筹划的本质是在税制约束下寻找税收空间，即讲求政策约束之下的变通、转化与对策。转化体现着一种创新思维，蕴涵着一种大智慧，是冲破税制约束的最佳选择。转化思想蕴含三类转化：

之一：业务形式的转化。即将企业的业务活动从一种业务形式转化为另一种业务形式。随着业务形式的转化，所涉及到的业务收入和税种也会相应发生变化，税负自然不同。

之二：业务口袋的转化。即将一个会计主体的业务转化为另一个会计主体的业务。业务口袋的转化，可以实现经济业务从高税负主体转移到低税负主体，从而实现合法节税。

之三：业务期间的转化。即将一个纳税期间的业务转化为另一个纳税期间的业务，实现业务收入、费用（成本）及税金的跨期转移，以实现筹划节税。

［税案分析］　盛华公司用于出租的库房有三栋，其房产原值为6000万元，年租金收入为1000万元，承租方主要用于商品和原材料的存放。盛华公司按照租金收入需要缴纳5.5%的营业税、城建税及教育费附加，缴纳12%的房产税，还要缴纳企业所得税（因企业所得税与成本费用有关，这里暂不考虑），总算起来，盛华公司的税负率（企业所得税除外）为：5.5% + 12% = 17.5%，即每年要缴纳175万元的税金，税负相当高。请你思考，对此房产租赁业务如何进行税收筹划？

要想降低盛华公司的税收负担，就可以考虑把租赁业务转化为仓储服务业务。租赁收入和仓储服务收入均缴纳营业税，适用税率都为5%，两者没有差异。但注意到房产用于出租和用于仓储服务，两者所缴纳的房产税差异较大：房产用于出租的，其房产税按照租金收入的12%计算缴纳；仓储属于房产自用，其房产税按照房产余值的1.2%计算缴纳。如果盛华公司与客户进行友好协商，继续利用库房为客户存放商品，但将租赁合同改为仓储服务合同，增加保管服务内容，配备保管人员，为客户提供24小时仓储服务。

假设提供仓储服务的收入为1000万元，与租赁收入相同。则盛华公司改变经营模式后的应纳税额计算如下：

应纳营业税 = 1000 × 5% = 50（万元）

应纳房产税 = 6000 ×（1 − 30%）× 1.2%

= 50.4（万元）

应纳城建税及教育费附加 = 50 ×（7% + 3%）

= 5（万元）

合计应纳税额 = 50 + 50.4 + 5 = 105.4（万元）

比较可知，采用仓储服务比房产出租每年节税额为：175 − 105.4 = 69.6（万元）。

第11讲 纳税筹划操作方法

一、转让定价法

在经济实践中，关联企业之间的转让定价通常有下列形式：

1. 关联企业之间利用交易价格转移营业利润；

2. 关联企业之间采取借款或预付款方式，转移利息费用；

3. 关联企业之间技术、管理、广告、咨询等劳务采取弹性定价转移利润；

4. 关联企业之间利用固定资产转让定价或租赁费用转移利润；

5. 关联企业之间通过无形资产的转移和使用，以弹性的转让价格转移利润；

转让定价法作为关联企业之间一种有效的税收筹划方法，一般有以下两种筹划定式：

1. 关联企业间存在税率差异

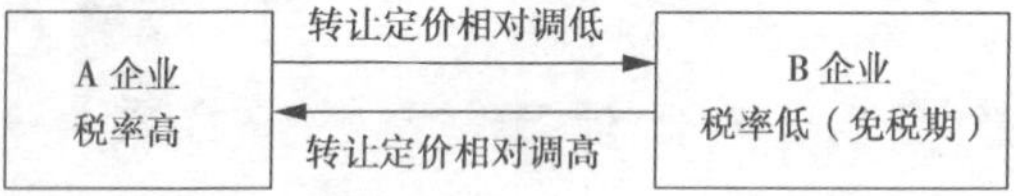

2. 关联企业间存在盈亏差异

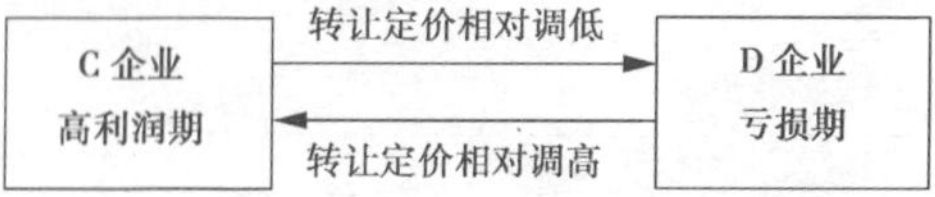

二、捆绑销售法

捆绑销售法是一种商品组合销售策略，它能起到均衡税负的作用。捆绑销售的实质是把两种或两种以上独立纳税或适用税率不同的商品，通过巧妙的方式捆绑在一起对外出售，使其销售环节的整体税负降低。

例如，电信公司销售手机，同时提供通讯服务，可以捆绑销售只需缴纳营业税，而规避手机收入的增值税，这就是成功的捆绑销售；再如，一些大型超市搞商业促销活动，即利用捆绑销售实现商业捐赠。

［税案分析］ 南方洗涤用品公司在进行洗衣粉销售时，采取“加量不加价”的促销方式。从纳税筹划

角度看，这是一种很好的促销方式，其实质是打折销售，或者也可以看成是商业捐赠的转化形式。

如果南方洗涤用品公司采取“买 500 克洗衣粉赠送 100 克”的做法，那么公司就要为免费赠送的 100 克洗衣粉缴纳增值税并代扣代缴个人所得税。而采取“加量不加价”的促销模式，相当于 600 克洗衣粉卖 500 克的价钱，虽然数量增加了，但价格不变，实质上相当于“降价销售”，公司只须按照原来的销售价格缴税就可以了。所以，“加量不加价”促销模式，实际上是通过捆绑销售规避商业赠送行为，使销售环节税负大大降低。

提醒大家注意的是，“加量不加价”促销方式与降价销售又有显著不同，其差别在于“加量不加价”不仅没有给客户造成购买打折商品的不适感，同时又变相地增加了销售量。

三、业务分拆法

业务分拆法是指对应税所得在多个纳税主体或纳税项目上进行拆分，以降低适用税率或享受更多税收待遇的筹划方法。

［税案分析］ 霓裳歌舞厅每月收取门票 80000 元，台位费 120000 元，点歌费 40000 元，烟酒、饮料费 160000 元。歌舞厅适用的营业税税率为 20%。税法规定：娱乐业的营业额为经营娱乐业向顾客收取的各项费用，包括门票收费、台位费、点歌费、烟酒和饮料费及经营娱乐业向顾客收取的各项费用。所以，霓裳歌舞厅应纳营业税计算如下：

应纳营业税 =（80000 + 120000 + 40000 + 160000）×20% = 80000（元）

如果对该歌舞厅进行纳税筹划，在歌舞厅内单独分立出一个烟酒、饮料小卖部，并专门领取营业执照，单独核算，这样娱乐业混合销售收入就可以拆分为两部分，相关纳税情况如下：

小卖部应纳增值税 = 160000 ÷（1 + 3%）×3%
= 4660（元）

歌舞厅应纳营业税 =（80000 + 120000 + 40000）
×20% = 48000（元）

该歌舞厅业务分拆后，节税额 = 80000 –（4660 +
48000）

=27340（元）

一些企业还把适用不同税率的业务混合在一起，不加区分，把本来适用低税率的业务按高税率纳税。如果采用业务分拆法，把适用低税率的业务从高税率业务中独立出来，单独核算或单独成立公司运作，就可以按较低税率纳税，从而合法减轻税收负担。

［**税案分析**］　一家科技公司为增值税一般纳税人，既销售科技含量高的电子设备，同时又为客户提供常年技术指导和咨询业务。销售电子设备的收入要按17%的税率缴纳增值税，技术指导和技术咨询业务本来适用5%的营业税税率，但因与销售电子设备合在一起，就属于混合销售，也要按17%的税率缴纳增值税。该公司全年实现不含税销售额1000万元，技术咨询收入585万元，全年取得的允许抵扣的进项税额为100万元。

如果按照该公司的业务情况正常纳税，应纳增值税额为：

$(1000\times17\%-100)+585\div(1+17\%)\times17\%$

$=155$（万元）

如果进行纳税筹划，把适用5%的技术咨询收入分离出来，另外设立一家技术咨询服务公司，专门负责客户的常年技术指导和咨询业务，向客户开具服务业发票。成立技术咨询服务公司后，应缴纳的税金计算如下：

应纳增值税 $=1000\times17\%-100=70$（万元）

技术咨询服务公司应交营业税 $=585\times5\%$

=29.25（万元）

合计纳税99.25万元，比筹划前节税55.75万元。

四、形式转化法

形式转化是一种在变化中寻求节税空间的筹划方法。许多经济业务都可以通过变通和转化寻找节税空间，其技术手段灵活多变，例如可以把正常销售转化为委托代销，运输业务转化为代理运输，建房业务转化为代建业务，无形资产转让合理转化为投资或联营活动，工程招标中介业务可以合理转化为转包业务，甚至还有企业雇员与非雇员之间的相互转化……

[税案分析] 东海公司（甲方）和新源公司（乙方）合作建房，东海公司提供土地使用权，新源公司提供资金。两企业约定，房屋建好后，双方均分。完工后，经有关部门评估，该建筑物价值1600万元，甲、乙双方各分得800万元的房屋。根据税法规定，东海公司以土地使用权换取房屋所有权，发生了转让土地使用权的行为，应当缴纳营业税：

800×5%=40（万元）

而新源公司因为转让房屋所有权换取土地使用权，发生了不动产销售行为，也应当缴纳营业税：

800×5%=40（万元）

若甲方和乙方进行税收筹划，则可以避免缴纳营业税。节税方案就是东海公司和新源公司成立“合营企业”，即采用合作建房方式。东海公司以土地使用权，新源公司以货币资金合股，成立合营企业，合作建房。房屋建成后如果双方采取风险共担、利润共享的分配方式，按照营业税“以无形资产投资入股，参与接受投资方的利润分配、共同承担风险的行为，不征营业税”的规定，对东海公司向合营企业提供的土地使用权，视为投资入股，对其不征营业税。只对合营企业销售房屋取得的收入按照销售不动产征税，对双方分得的利润不征营业税。

五、递延纳税法

递延纳税可以推迟纳税时间，企业因此获取货币时间价值，相当于获得一笔无息贷款，不仅有利于企业加快资金周转，节省利息支出，而且在通货膨胀环境下，延期纳税还能降低未来纳税额的实际购买力。

递延纳税的本质是推迟收入或应纳税额的确认时间，所采用的筹划方法很多，但基本可以概括为两个方面：一是推迟收入的确认，二是尽早实现费用的确认。

六、税负转嫁法

税负转嫁是一种纳税筹划技巧，基本操作原理是利用价格浮动、价格分解来转移或规避税收。由于税负转嫁没有伤害国家利益，也不违法，因此，税负转嫁受到纳税人的普遍青睐。

[税案分析] 由于白酒生产商面临着较重的税收负担，所以他们不断探索税负转嫁方法，以降低税收负担。白酒生产商的税负转嫁主要体现在以下方面：

1. 设立销售公司规避消费税

白酒生产商设立专门的销售公司，通过流通环节转嫁税负。由于白酒产品的消费税仅在出厂环节征收，即按产品出厂价格计算缴纳消费税。所以，白酒生产商设立白酒销售公司，先把白酒产品销售给销售公司，然后由销售公司再销往市场。在销售环节采取“前低后高”的价格转移策略，先以相对较低的价格由白酒生产商卖给自己的销售公司，然后再由销售公司合理抬高价格对外销售。这样便可在确保总体销售收入的同时减少出厂环节消费税的负担。

白酒生产商设立销售公司还可以扩大费用扣除限额，原来由白酒生产商负担的业务宣传费、业务招待费、广告费等可以转嫁给销售公司承担一部分，这样设立销售公司就使得费用扣除限额得到近 1 倍放大。

2. 设立专卖店转嫁市场营销费和广告费

白酒生产商还有一种转嫁税负的手段，即将市场营销费及广告费合理转嫁给专卖店负担，但白酒生产商要对专卖店作出适当的价格让步，以弥补专卖店负担的市场营销费及广告费。

如果专卖店作为小规模纳税人来运营，当专卖店白酒产品增值率较高时，小规模纳税人所负担的增值税会低于一般纳税人的税负水平。

七、规避平台法

在纳税筹划中，常常把税法规定的若干临界点称为规避平台。规避平台建立的基础是临界点，临界点是一个关键点，临界点两侧一般税收待遇或税收负担率差异较大。当计税依据突破某些临界点时，由于所适用的税率降低或优惠增多，从而获得更多的税收利益，这便是规避平台法的基本原理。例如，外籍来华人员在中国居住时间一年不超过90天，就作为非居民纳税人对待，只承担有限纳税义务。这里的90天就是一个临界点。再如，企业雇用实习生，企业与学校签订合同的期限必须在三年以上，否则，实习生的报酬就不能税前扣除。很显然，这里的“三年”就是一个优惠临界点。

［税案分析］ 李先生在北京市区拥有一套住房，已经居住满4年零8个月，这时他在北京郊区找到一份薪水很好的工作，需要出售该住房，请问李先生应该如何筹划呢？

税法规定：个人住房凡居住满5年的，转让时可以免征营业税。很显然，如果李先生再等4个月出售该住房，便可以适用免税政策。那么，李先生必须再等4个月吗？

实际上，如果这时候遇到合适的买主，也可以出售。即采用规避平台法进行纳税筹划：先和买主签订两份合同：一份是远期合同（4个月后正式交割住房的合同）；另一份是为期4个月房屋租赁合同。只要租金和未来售价之和等于买主心目中的房产价格，这种交易就很容易成功。这样买主可以马上住进来，李先生也可以享受免征营业税优惠。

八、资产重组法

资产重组法也是较为常见的纳税筹划方法。资产重组法还可进一步划分为合并筹划法、分立筹划法两种。

合并筹划法是指企业利用并购及资产重组手段，改变其组织形式及股权关系，实现税负降低的筹划方法。合并筹划法一般应用于以下情况：一是并购企业实施并购后可以进入新的领域、新的行业，享受更多的税收优惠政策；二是并购有大量亏损的企业，可以实现盈亏抵补、低成本对外扩张；三是企业合并可以实现关联企业或上下游企业流通环节的减少，合理规避流转税；四是企业合并可能改变纳税主体性质，实现依法节税。

分立筹划法是指将企业财产或所得在两个或多个纳税主体之间进行分割，以降低整体税负的筹划方法。分立筹划法一般应用于以下情况：一是企业分立为多个纳税主体，可以形成有关联企业关系，有效开展集团纳税筹划；二是企业分立可以将兼营或混合销售中的低税率业务或零税率业务独立出来，合理节税；三是企业分立使适用累进税率的纳税主体分化成两个或多个适用低税率的纳税主体；四是企业分立可以增加一道流通环节，有利于增值税进项税额抵扣及转让定价策略的运用。

［税案分析］ 中江公司是一家具有房地产开发资格的投资公司，3 月份与一外国大型财团达成协议，以 26 亿元的价格在长江三角洲一旅游城市开发一个带有高尔夫球场的高级度假村。公司已与当地政府取得联系，并签署了征地开发项目的投资意向书。其整个业务的操作流程是：先由中江公司购买土地使用权并建成度假村，然后再以 26 亿元的商定价格销售给该外国大型财团。通过有关中介机构的分析评估，度假村的开发成本 18 亿元，其中包括取得土地使用权的地价款 6 亿元。此项房地产的销售，中江公司预计应缴纳营业税、城建税、教育费附加、土地增值税和资产转让所得的所得税共计 3 亿多元。

第一步，与购买该度假村的财团协商，请他们先预付一部分资金作为投资，而甲企业以土地使用权作价投资，双方共同成立一家有限责任公司—东湖苑度假村，度假村拥有法人资格，独立核算。

第二步，度假村进行固定资产建设，有关费用在度假村的“在建工程”账户核算，资金缺口可由中江公司提供，度假村作为“应付款项”处理。

第三步，待度假村的高尔夫球场及其他固定资产建成后，外国大型财团以收购的方式取得度假村的全部股权。通过收购，中江公司将拥有度假村的股权全部转让给外国投资者，然后收回股权转让价款及对度假村的所有债权。

筹划效果：公司可以免除营业税及其附加税费、土地增值税；但仍需缴纳转让股权的所得税，仅营业税及附加税费就节省：$26\times5.5\%=1.43$（亿元），公司的税后利润大大增加。

第12讲 如何签一份省税的合同

一、合同的作用

合同可以规范业务，形成一定的业务合作模式。因为无论哪种合同，其目的都是将整个业务过程通过合同形式约定下来，并共同遵守。因此，合同决定了业务过程，业务过程又决定了税收。所以，合同是产生税收的经济根源。在现实生活中，因为合同的原因垫付或多缴税款的现象却时有发生，因而企业在生产经营过程中应对合同引起重视。

经济合同根据不同的业务内容划分为：销售合同、采购合同、承包合同、加工合同、代理合同和聘用合同等等。在订立合同时，交易双方往往比较注重合同的格式，着重研究法律文书的表述方式，以避免引起法律纠纷，但交易双方却经常忽略合同与税收的关系。

人们仔细研究经济合同发现，在事先进行筹划的基础上，签订合同就可以顺理成章地安排税收问题。虽然税法是比较固定的，但交易方式的选择是比较灵活的，它完全依靠交易双方协商确定，交易双方在订立合同时选择合适的交易方式，能够降低税负。

二、销 售 合 同

1. 销售合同的签订技巧

货物销售时，一般的做法都是将发出商品全额作为销售处理。货物发出时纳税义务即发生，应当缴纳增值税。有些商品发出后很长时期才能够收回货款，甚至出现呆坏账，这样销货方就白白地垫付税款。所以，销售方在签订合同时，应签署下列条款避免垫税：以购买方实际支付额作为销售收入，开具增值税发票，未支付部分作为借款，按期收取利息。

在货物销售时，销货方还应该注意将包装物押金、运费和货物销售款项分开签订合同，这样可以适当降低税负。

2. 销售合同中的结算方式

（1）采取直接收款方式销售货物，不论货物是否发出，均为收到销售额或取得索取销售款凭据的当天。

（2）采取托收承付和委托银行收款方式销售货物，为发出货物并办妥托收手续的当天；

（3）采取赊销和分期收款方式销售货物，为书面合同约定的收款日期的当天，无书面合同的，为货物发出的当天；

（4）采取预收货款方式销售货物，为货物发出的当天；

（5）委托其他纳税人代销货物，为收到代销单位的代销清单或者收到全部或部分货款的当天。未收到代销清单及货款的，为发出代销货物满180天的当天；

（6）销售应税劳务，为提供劳务同时收讫销售款或取得索取销售款的凭据的当天。

因此，货物销售方式、货款结算方式不同，纳税人的纳税义务发生时间就存在差别。如果纳税人在签订购销合同时，可以与购买方商量货款回笼的具体安排，并在购销合同上明确约定。

三、租 赁 合 同

租赁是一种常见的经济行为，租赁通常被分为经营租赁和融资租赁两种形式。签订合适的租赁合同，可以实现企业之间的合作与税负降低。

[税案分析] 东方集团是国内知名企业，地处中原腹地，不断整合和优化电机研发、制造、销售的价值链，在国内拥有多家生产销售子公司、分公司及办事处。东方集团（甲方）与沃尔马超市（乙方）就一座商务大楼的经营租赁达成合作协议，每年收取6000万元的租赁费。

签订房产租赁合同，在租赁合同中应严格界定双方的权利义务，并合理约定业务模式，可以合理降低税收负担。东方集团与沃尔马超市签订了如下包括多项条款的房产租赁合同，而不是直接约定一个高额的租赁价款，其中原因请读者朋友思考。

房产租赁合同

甲乙双方就商务大楼出租，经过友好协商，达成如下协议：

第一条　主体资产所涉及的合同价款6000万元为租赁收入，甲方按照租赁业务开具发票给乙方。

第二条　为了保证经营过程中资产的完整性，甲方向乙方收取资产经营押金600万元，并约定所委托资产的维修费用（包括对房屋、电梯、供电设施定期安全检查，电梯、房屋主体结构、给排水设施等维修费用）由乙方负担。

第三条　为了保证资产的合理使用，所租赁房产的物业费应由乙方负担。乙方还须承担经营期内的水、电、空调、通讯及产生的费用，并按单如期缴纳。

第四条　出于管理的需要，甲方派驻管理人员协助乙方对委托经营资产进行管理，由乙方负担该派驻管理人员的办公费用及相关费用200万元。

第五条　甲方拥有大楼顶部部分广告位所有权，但甲方对外出租大楼顶部部分广告位时，须征求乙方意见。乙方有权提出有偿使用该部分广告位，并享有优先权，所需费用双方协商确定。凡涉及该广告位有偿使用的，须另行签订独立协议约定。

第六条　甲方人员对乙方在经营、销售、管理等方面为乙方提供劳务或其他帮助的，乙方应以劳务费或佣金的形式支付相关报酬。反之，乙方人员对甲方在经营、销售、管理等方面为甲方提供劳务或其他帮助的，甲方也应以劳务费或佣金的形式支付相关报酬。

第七条　甲乙双方在资产委托经营中出现争议的，可以友好协商解决，并可通过调整交易价款和交

> 易条件的办法予以解决。若确实无法协商解决的，可以诉诸法律。
>
> 甲方：东方集团　　　　　　乙方：沃尔马超市
>
> 签约时间　　　　　　　　　签约时间

[纳税锦囊]　租赁合同筹划的技巧。

（1）租赁合同若涉及多项资产，尤其是房产和设备等同时租赁时，要尽量拆分签订几份合同，分别签订房屋租赁合同和设备租赁合同，这样可以合理降低房产税。

（2）支付给公共部门的电费、水费、维修费等最好由承租人承担，而不要约定在租赁价款中。

（3）通过人员工资及相关费用的调节来分解租赁合同价款，降低税收负担。

四、投资合同

[税案分析]　2008年10月，某中方企业以现有设备和房产与一外商合资举办一家中外合资企业，外方以货币出资，该中方企业以设备1000万元和房产1000万元投资，并且注册资本及债权性投入均为1000万元，则房产和设备的实物投入有两种方案：

方案一：设备作为注册资本投入，房产作为债权性投入。

按照这种方案，企业以设备作为投资，视同销售已使用过的固定资产，按4%的税率减半征收增值税。

但把房产作为债权性投入，在税收上相当于直接作价卖给另一企业，应视同房产转让缴税，则中方企业需要缴纳营业税、城建税、教育费附加、契税等。

采取方案一，则中方企业最终负担的税款为：

增值税 = 1000 ÷（1 + 4%）× 4% × 50%

= 19.23（万元）

营业税 = 1000 × 5% = 50（万元）

城建税、教育费附加 = 50 + 19.23 ×（7% + 3%）

= 6.92（万元）

契税 = 1000 × 3% = 30（万元）（受让方缴纳）

纳税额合计 = 19.23 + 50 + 6.92 + 30

= 106.15（万元）

方案二：房产作为注册资本投入，设备作为债权性投入。

房产作为注册资本投资入股，参与利润分配，承担投资风险，按税法规定，不征收营业税、城建税及教育费附加，但需征收契税（由受让方缴纳）。

税法规定，企业出售自己使用过的固定资产2009

年1月1日前购入，按4%的税率减半征收增值税。企业把自己使用过的设备直接作价给另一企业，视同转让固定资产，按4%的税率减半征收增值税。

采取方案二，则中方企业最终负担的税款为：

增值税＝1000÷（1＋4%）×4%×50%

＝19.23（万元）

城建税、教育费附加＝19.23×（7%＋3%）

＝1.92（万元）

契税＝1000×3%＝30（万元）。

纳税额合计＝19.23＋1.92＋30＝51.15（万元）

两个方案相比，中方企业仅仅是改变了几个字的先后顺序，就使税收负担整体降低55万元。

五、合同签订的小技巧

我很欣赏这样一个小故事：有位教徒在祈祷时烟瘾来了，特别想抽烟，他问在场的神父，祈祷时可不可以抽烟，神父回答："不行！"另一个教徒也想抽烟，他问神父，在抽烟时可不可以祈祷，神父回答："当然可以！"于是，另一个教徒就怡然自得地抽起烟来。

同样是抽烟加祈祷，要求祈祷时抽烟，是对耶稣的不尊重；而要求抽烟时祈祷，则表示在休闲时也想着神的恩典，神父自然没有反对的理由了。这就是思考问题的角度。

签订合同也是如此，也需要灵活变换，也存在操作技巧。千万记住，签订合同一定要头脑灵活，不能拘泥于旧框框。这里，不妨学学合同转签及合同改签的小技巧。

1. 合同转签

一些情况下，交易当事人不止双方，还可能涉及到多个当事人。在这种情况下，和谁签合同、签什么合同也是一门学问。

[案例分析] 建设单位甲有一工程找一施工单位承建，在工程承包公司乙的组织安排下，施工单位丙最后中标。这时，若施工单位丙与建设单位甲签订承包合同，合同金额为3000万元，建设单位甲支付给工程承包公司乙200万元的中介服务费，则工程承包公司乙应纳营业税、城建税及教育费附加金额为：$200 \times 5.5\% = 11$（万元）。

只要税法在纳税人、行业、地区等方面存在着差异，就存在税收筹划的空间。根据《营业税问题解答（之一）的通知》（国税函发［1995］156号）第七条的规定，工程承包公司与建设单位签订承包合同的建筑安装工程业务，无论其是否参与施工，均应按“建筑业”税目征收营业税，工程承包公司不与建设单位签订建筑安装工程承包合同，只是负责工程的组织协调，对工程承包公司的此项业务则按“服务业”税目征收营业税。这条规定就给工程承包公司提供了税收筹划的机会。

换一个角度，我们可以设计一项新的合同：若工程承包公司乙与建设单位甲直接签订工程承包合同，合同金额为3200万元，然后工程承包公司乙再把工程转包给施工单位丙。工程完工后，乙向丙支付工程款3000万元，这样，根据《中华人民共和国营业税暂行条例》第五条“纳税人将建筑工程分包给其他单位的，以其取得的全部价款和价外费用扣除其支付给其他单位的分包款后的余额为营业额”的规定，工程承包公司乙应纳营业税及其附加税为：（3200－3000）×3.3%＝6.6（万元）。因此，工程承包公司乙通过这种方式签订合同可少缴4.4万元的营业税。

2. 改签合同

合同条款是合同的实质性内容，改变合同关键性条款，可能会导致合同双方税负的降低。

［案例分析］　一家从事车辆租赁的租车公司，业务非常红火。一般情况下，租车公司把各类车辆租赁出去，收取约定的租赁费。该公司的税务顾问却建议租车公司到市场上雇用司机，凡是租车运输货物的业务，一律由雇用司机驾驶车辆负责运输。

租车公司一时不明白税务顾问的建议，认为雇用那么多司机又会增加公司的开支，一点也不合算。其实，税务顾问的建议还是很有道理的。从税务角度思考，当租车公司雇用司机驾车为顾客运输货物，该项业务就不再是车辆租赁业务，而变成了运输业务，只需要租车公司在经营范围上增加一项运输业务，就可以开展运输服务。收取的运输业务收入要按照“运输业”税目缴纳营业税，税率为3%；而租车收入属于租赁收入，要按照“租赁业”税目缴纳营业税，税率为5%。所以，雇用司机搞运输就可以合理降低2%的税收负担，整体营业税负担降低40%。这种改签合同的税收收益是相当可观的。

第13讲 技术创新中的税收优惠

科技是第一生产力，企业的发展离不开科技的进步。科学发展与技术创新不仅需要资金投入，同时也离不开税收政策的支持。

一、高科技企业的税收政策

1. 高新技术企业的税收优惠

《中华人民共和国企业所得税法》规定："国家需要重点扶持的高新技术企业，减按 15% 的税率征收企业所得税。"

开发新技术、新产品、新工艺发生的研究开发费用，未形成无形资产计入当期损益的，在按照规定据实扣除的基础上，按照开发费用的 50% 加计扣除；形成无形资产的，以后每期摊销时，按照无形资产摊销额的 150% 税前扣除。

2. 软件企业的税收优惠

(1) 增值税优惠政策。自 2000 年 6 月 24 日起至 2010 年底以前，对增值税一般纳税人销售其自行开发生产的软件产品，按 17% 的法定税率征收增值税后，对其增值税实际税负超过 3% 的部分实行即征即退政策。所退税款由企业用于研究开发软件产品和扩大再生产，不作为企业所得税应税收入，不予征收企业所得税。

增值税一般纳税人将进口的软件进行转换等本地化改造[①]后对外销售，其销售的软件可按照自行开发生产的软件产品的有关规定享受即征即退的税收优惠政策。

财税［1999］273 号文件规定：属生产企业的小规模纳税人，生产销售计算机软件按 6% 的征收率计算缴纳增值税；属商业企业的小规模纳税人，销售计算机软件按 4% 的征收率计算缴纳增值税，并可由税务机关分别按不同

① 本地化改造是指对进口软件重新设计、改进、转换等工作，单纯对进口软件进行汉字化处理后再销售的不包括在内。

的征收率代开增值税发票。

对随同计算机网络、计算机硬件、机器设备等一并销售的软件产品，应当分别核算销售额。如果未分别核算或核算不清，按照计算机网络或计算机硬件以及机器设备等的适用税率征收增值税，不予退税。

对经过国家版权局注册登记，在销售时一并转让著作权、所有权的计算机软件征收营业税，不征收增值税。

（2）所得税政策。《财政部、国家税务总局关于企业所得税优惠政策的通知》（财税［2008］1号）规定：在中国境内新创办的软件企业经过认定以后，可以自获利年度起，享受“两免三减半”优惠政策；国家布局规划以内的重点软件企业，当年没有享受免税优惠的，可以暂按10%的税率缴纳企业所得税，同时确定软件企业人员薪酬和培训费用可以按照实际发生额在企业所得税税前列支，企事业单位所购软件，凡购置成本达到固定资产标准或构成无形资产的，可以按固定资产或无形资产进行核算，经税务部门批准，其折旧或摊销年限可以适当缩短，最短为2年。

2008年1月1日起至2010年底，对国内外经济组织作为投资者，以其在境内取得的缴纳企业所得税后的利润，作为资本投资于西部地区开办集成电路生产企业、封装企业或软件产品生产企业，经营期不少于5年的，按80%的比例退还其再投资部分已缴纳的企业所得税税款。再投资不满5年撤出该项投资的，追缴已退的企业所得税税款。

二、技术开发与技术转让的税收政策

1. 技术开发费的税收政策

企业在一个纳税年度实际发生的下列技术开发费项目，包括新产品设计费，工艺规程制定费，设备调整费，原材料和半成品的试制费，技术图书资料费，未纳入国家计划的中间实验费，研究机构人员的工资，用于研究开发的仪器、设备的折旧，委托其他单位和个人进行科研试制的费用，与新产品的试制和技术研究直接相关的其他费用，在按规定实行100%扣除基础上，允许再按当年实际发生额的50%在企业所得税税前加计扣除。

[税案分析]　以企业自己的名义研发。

企业委托外部科研机构开发新产品，由于新产品还没有上市，所发生的技术开发费不允许当期列支。

企业遇到这一障碍，最好的解决办法是：聘请专家到企业搞研发，或者以企业的名义搞研发，这样就可以解决研发费用的税前列支问题。

企业会计准则要求将研发过程分为研究阶段和开发阶段，研究阶段的费用开支称为研究费用，研究费用由于没有研究收入的配比，一律作为当期损益处理；开发阶段的费用投入称为开发费用，如果开发阶段形成专有技术、新产品工艺等无形资产的，应该把所投入的开发费用全部计入“无形资产”，在以后年度内摊销。否则，开发阶段没有形成无形资产的，则将开发费用当期列支并税前扣除。

2. 技术转让的税收政策

（1）营业税优惠。对单位和个人（包括外商投资企业，外商投资设立的研究开发中心，外国企业和外籍个人）从事技术转让、技术开发业务和与之相关的技术咨询、技术服务业务取得的收入，免征营业税。

（2）所得税优惠。在一个纳税年度内，企业技术转让所得不超过500万元的部分，免征企业所得税；超过500万元的部分，减半征收企业所得税。

3. 进出口税收政策

对企业为生产《国家高新技术产品目录》的产品

而进口所需的自用设备及按照合同随设备进口的技术及配套件、备件，免征关税和进口环节增值税。

对企业引进属于《国家高新技术产品目录》所列的先进技术，按合同规定向境外支付的软件费，免征关税和进口环节增值税。

对列入科技部、外经贸部《中国高新技术商品出口目录》的产品，凡出口退税率未达到征税率的，经国家税务总局核准，产品出口后，可按征税率及现行出口退税管理规定办理退税。

4. 研究开发费用的资助支出

(1) 社会力量资助非关联的科研机构和高等学校研究开发新产品、新技术、新工艺所发生的研究开发经费和对科研机构、高等学校研究开发经费的资助支出准予税前扣除。当年度应纳税所得额不足抵扣的，不得结转抵扣。

(2) 个人的所得（不含偶然所得）用于资助的，可以全额在下期计征个人所得税时，从应纳税所得额中扣除，不足抵扣的，不得结转抵扣。

5. 职工教育经费

对企业当年提取并实际使用的职工教育经费，在不超过计税工资总额 2.5% 以内的部分，可在企业所得税前扣除。

6. 加速折旧

企业用于研究开发的仪器和设备，单位价值在30万元以下的，可一次或分次计入成本费用，在企业所得税税前扣除，其中达到固定资产标准的应单独管理，不再提取折旧。

企业用于研究开发的仪器和设备，单位价值在30万元以上的，允许其采取双倍余额递减法或年数总和法实行加速折旧，具体折旧方法一经确定，不得随意变更。

三、特许权使用费、技术转让与技术服务的税收政策

1. 特许权使用费

特许权使用，是指提供专有技术的一方将技术传授给受方，允许受方在一定时期内、一定范围内使用，通常供方不参与受方的生产经营活动。这是一种有限度地转移无形资产权利的行为。例如，电视台租赁卫星通讯线路并支付租赁费，属于特许权使用费，须缴纳营业税。

2. 技术服务与技术转让

科研单位的技术服务与技术转让极易混淆。

技术转让是指供方彻底无保留地转移无形资产的权利。技术转让一般实行有偿转让，如转让专利和非专利

技术的所有权。按照税法规定，技术转让享受减免税优惠。

技术服务是关于专项技术的培训、指导等服务性活动。具体区分为技术指导、技术培训等。技术指导按“服务业”税目5%缴纳营业税，技术培训按“文化体育业”税目3%缴纳营业税。所以，技术指导与技术培训的税收政策差别较大，应注意区分。

四、商誉转让涉税问题

有这样一个实务问题：一家企业将其研发部门转让，转让获得的收入为600万元，研发部门的资产账面价值总额为400万元，这笔转让收入应该缴纳什么税？

转让研发部门的增值部分属于商誉性质，按税法规定，商誉转让要交纳营业税。转让研发部门的净收入还要缴纳企业所得税。对于这个问题，尤其是研发部门转让中的商誉征税问题，可以考虑采纳两个税收筹划思路节约税收：

思路一：将研发部门的资产分割为实体资产和无形资产（技术、专利等）两部分，分别进行转让。

实体资产转让应区分不同情况征收增值税，而无形资产转让要缴纳营业税。若实体资产和无形资产转让时实现资产转让所得，要依法缴纳企业所得税。

实体资产转让的增值税政策：

（1）自 2009 年 1 月 1 日起，一般纳税人销售自己使用过的不得抵扣且未抵扣进项税额的固定资产，按简易办法以 4% 征收率减半征收增值税；一般纳税人销售自己使用过的 2009 年 1 月 1 日前购进或自制的固定资产，按照 4% 征收率减半征收增值税；一般纳税人销售自己使用过的 2009 年 1 月 1 日以后购进或自制的固定资产，按照适用税率征收增值税。

（2）一般纳税人销售自己使用过的除固定资产以外的物品，应当按照适用税率征收增值税。

（3）小规模纳税人销售自己使用过的固定资产，按 2% 征收率征收增值税；小规模纳税人销售自己使用过的除固定资产以外的物品，应按 3% 的征收率征收增值税。

思路二：把研发部门包装成一个企业，通过股权形式转让研发部门。股权转让行为不征收营业税，只就股权转让所得征收企业所得税。

政策依据：《国家税务总局关于转让企业产权不征收营业税问题的批复》（国税函［2002］165 号）规定：转让企业产权是整体转让企业资产、债权、债务及劳动力的行为，其转让价格不仅仅是由资产价值决定的，与企业销售不动产、转让无形资产的行为完全不同。因此，转让企业产权的行为不属于营业税征收范围，不应征收营业税。

《国家税务总局关于转让企业全部产权不征收增值税问题的批复》（国税函［2002］420号）规定：转让企业全部产权是整体转让企业资产、债权、债务及劳动力的行为，因此，转让企业全部产权涉及的应税货物的转让，不属于增值税的征税范围，不征收增值税。

第14讲

采购业务的纳税技巧

物资采购是企业一项重要的经营活动，它不仅牵涉到最终产品的质量好坏，对产品成本的影响也非常大，对公司整体效益也会产生直接的影响。目前，公司一般都知道怎样加强采购环节的管理，如采购合同的管理、原料价格的管理、货物运输的管理、货物仓储的管理、出入库手续管理等。诚然，这些管理措施是通过加强采购环节的管理来规避经营风险的，这对于企业来说非常重要。另一方面，加强采购环节的税收管理也非常重要。如果不重视采购中的税收问题，就会造成“低价购进，高税支出”的情况。

一、采购发票管理

在购买商品、接受服务以及从事其他经营活动支付款项时，应当向收款方取得符合规定的发票；不符合规定的发票，不得作为财务凭证入账。

（一）检查采购发票的形式与内容

发票项目填写齐全，内容真实，字迹清楚；

全部联次一次性填写，不得出现大头小尾现象。

发票要加盖财务印章或者发票专用章，否则无效。

（二）采购货物一定索要发票

从财务角度略加分析，如果采购货物不能取得发票，就意味着不能进成本，企业要为没有发票多负担企业所得税；另一方面，若没有取得增值税专用发票，就不能抵扣17%的增值税进项税额。

（三）分期付款一定要分期索取发票

采购合同一般常用的条款是：全部货款付完后，由供货方开具票据。然而在现实生活中，由于产品质量、标准差异等原因，经常会出现销售折让，无法全部付清款项。而根据合同是无法取得发票的，这样就会影响税负，造成多缴税。

建议采购合同中约定开票事项：按实际支付金额，由供货方在收取款项后立即开具发票。

二、采购对象与时间的选择

1. 采购对象的选择

一般选择大企业供货，如果供货方是小规模纳税人，它们不能开具增值税专用发票，就没办法抵扣增值税进项税额。

在这种情况，采购方可以要求小规模纳税人到税务局代开外，或者通过谈判压低价格，以补偿无法取得发票带来的损失。

［税案分析］ 某大型超市为一般纳税人，假如当月购进某种商品，每件进价为 1000 元（不含税），售价为 1200 元（不含税）。在选择供货单位时，面临三种选择：

（1）增值税一般纳税人；

（2）能开具增值税专用发票（税率为 3%）的小规模纳税人；

（3）能开具普通发票的小规模纳税人。

比较增值税纳税额（如表 14－1 所示）：从增值税一般纳税人处采购，缴纳增值税 34 元；从能开具增值税专用发票（税率为 3%）的小规模纳税人处采购，缴纳增值税 174 元；从仅能开具普通发票的小规模纳税人处采购，缴纳增值税 204 元。

表 14－1　从不同纳税人处采购货物税负及现金流量比较表

采购对象	进价（元/件）	进项税额（元）	不含税销售价（元/件）	销项税额（元）	当期应纳增值税额（元）	净现金流量（元）
一般纳税人	1000	170	1200	204	34	200
小规模纳税人（可开具 3%的增值税发票）	1000	30	1200	204	174	200
小规模纳税人（不能开具增值税发票）	1000	0	1200	204	204	200

我们会发现一个规律，即不论从哪一类供货方采购货物，净现金流量都是一样的，本例中为 200 元。这说明，采购对象的选择不会影响采购方的净现金流量。

2．采购时间的安排

选择恰当的采购时间,一般可以降低采购成本和税收负担。

企业应在不影响正常生产的情况下选择货物出现供大于求、市场过剩时进行采购。因为这种情况下，采购方往往可以大幅度压低价格，使税负转嫁给供货方。

三、采购运费筹划

1．运费能否扣除

采购材料要发生运费，而运费又跟税收有着密切的联系。增值税一般纳税人购进或者销售货物以及生产经营过程中支付的运费可以按照7%的扣除率抵扣进项税额。

2. 自营运费与外购运费的比较

企业发生的运费对于一般纳税人自营车辆来说，运输工具耗用的油料、配件及正常修理费支出等项目，可以抵扣17%的增值税（索取专用发票扣税）。

若企业不拥有自营车辆，而是外购，在运费扣税时，按现行政策规定可抵扣7%的进项税额，同时，这笔运费在收取方还应当按规定缴纳3%的营业税。这样，收支双方一抵一缴后，从国家税收总量上看，国家只减少了4%（即7%－3%）的税收收入，即运费总算起来只有4%的抵扣率。

假设上述两种情况的抵扣率相等时，就可以求出R之值。即：

17%R＝4%，则R＝23.53%。

R这个数值说明，当运费结构中可抵扣增值税的物耗比率达23.53%时，实际进项税抵扣率达4%。我们可以把R＝23.53%称为“运费扣税平衡点”。

如果物耗比率小于23.53%，则外购运费合适；如果物耗比率大于23.53%，则自营运费合适。如果企业规模较大，有很多运输业务，把运输车辆独立出来专门成立一家物流运输公司，由该物流运输公司负责采购运输并开具运输发票，在税收上比较合算。

对于小企业，若属于小规模纳税人，不允许抵扣进项税额，则最好在采购时与供货方达成协议，由供货方送货上门，货到付款。

四、采购结算方式

采购结算方式有很多种，企业应该尽量占用对方的资金，取得长期、大额的商业信用。占用供货方的资金也会让供货方先垫付税款。所以，一般要尽可能早地取得发票。

经常采用的结算方式有：

1. 赊购和分期付款结算方式

能够控制企业的资金支付。

2. 委托采购方式

（1）受托方只收取手续费

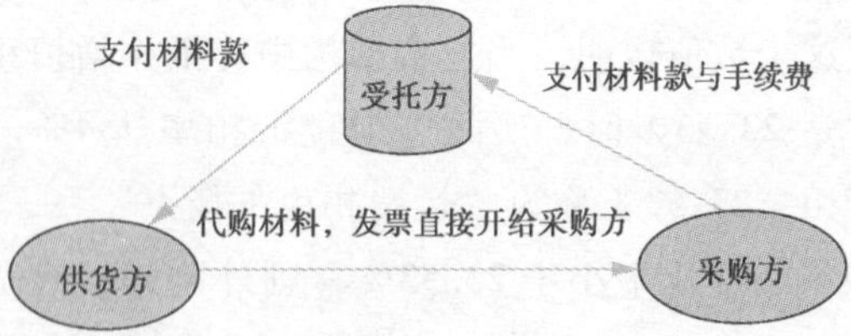

假如供货方的材料价格为 100 元/单位。受托方向采购方每单位收取手续费 20 元。则采购方可以抵扣的

增值税为：100×17%＝17（元）

受托方缴纳营业税为：20×5%＝1（元）

这种方式要求：受托方只收取手续费，受托方不垫付资金；供货方将发票开具给采购方（委托方），并由受托方将该发票转交给采购方（委托方）；受托方代为结算货款，并另外收取手续费。

（2）受托方按正常购销价格结算。

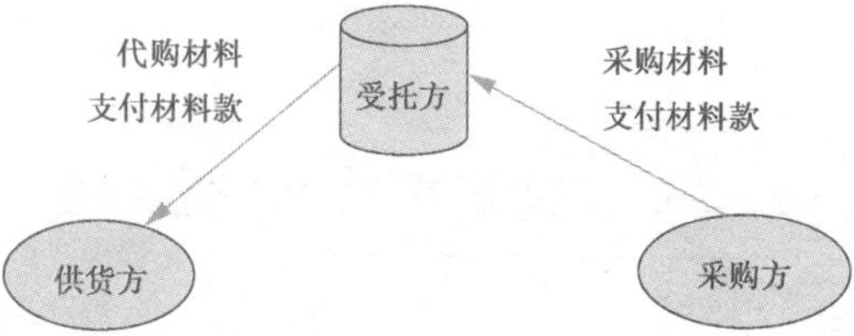

假如供货方的材料价格为100元/单位。受托方采购后销售给采购方的价格为120元/单位。则采购方可以抵扣的增值税额为：120×17%＝20.4（元）

受托方缴纳的增值税额为：

120×17%－100×17%＝3.4（元）

受托方接受委托代为购进货物，不论其以什么价格购进，都与委托方按约定的价格结算，在购销过程中受托方自己要垫付资金。这种情况下，受托方赚取购销差价，按正常的购销业务计算缴纳增值税。

根据上述分析可知，对于采购方来说，采取第二种方式较为合适。而对于受托方来说，采取委托采购收取手续费方式合适。

第15讲 销售业务的纳税技巧

一、销售模式与纳税

[拍案说税] 商业上的销售“返点”。

销售“返点”是生产厂商为激发经销商的积极性而采用的一种方法，即销售数量或销售额达到一定规模后，生产厂商按销售额的一定比例返还给经销商。“返点”对税收将产生重大的影响。

甲、乙、丙三家公司都是以制造品牌摩托车为主的制造商，结算方法、营销模式大体相同，由公司指定各区域经销商独家代理，产品售价由公司统一规定，公司与经销商按协议价结算。下面比较三家公司的促销“返点”政策：

甲公司：与经销商签订的经销协议约定，每次进货至少为1000辆，每当累计进货达到3000辆时，给予经销商 5% 的"返点"，作为当期支出。

乙公司：采取的促销"返点"政策与甲企业很类似，为了避免销售折扣额不予认可，乙公司每期将前 3000 辆的销售折扣开在了最后一批货物 1000 辆摩托车的销售发票上。

丙公司：采取的促销"返点"政策也是在销售总量达到 3000 辆时按照销售总额的 5%"返点"，但合同是这样约定的：当累计进货达到 3000 辆时，给予经销商最后 1000 辆 15% 的"返点"。同时在最后 1000 辆摩托车的销售发票上列明货物销售价格和 15% 的折扣额。

税务机关认为：

（1）甲公司的"返点"不能税前列支，因为这种"返点"属于商业折扣。税法规定，只有在销售时给予的折扣才能抵减销售额。

（2）虽然乙公司在形式上符合销售折扣的处理要求，但合同规定这些销售折扣是针对 3000 辆摩托车，而不是针对最后 1000 辆摩托车的，所以，这一销售"返点"也不得税前列支。

（3）丙公司实现 3000 辆摩托车销售，按最后 1000 辆摩托车价款的 15%"返点"，且在发票上注明属于折扣，允许按扣减销售折扣后的净收入纳税。

混合销售，是指一项销售行为同时涉及销售货物和提供非增值税应税劳务。税法明确规定：从事货物的生产、批发或零售为主，并兼营非增值税应税劳务的企业，年货物销售额超过 50% 的混合销售行为，视为销售货物，一并征收增值税。

对以从事非增值税应税劳务为主，并兼营货物销售的单位和个人，其混合销售行为应视为销售非应税劳务，不征增值税，但必须单独核算，如果不单独核算就视同销售货物，一并征收增值税。

从事运输业务的单位和个人，销售货物并负责运输的，所售货物的混合销售行为，征收增值税；

电信单位销售无线寻呼机、移动电话，并为客户提供有关的电信服务的，属于混合销售，征收营业税。对单纯销售无线寻呼机、移动电话，不提供电信服务的，征收增值税。

［税案分析］ 某商场为促销空调，推出为客户免费安装服务。假如每台空调的售价为4000元，商场为消费者开具4000元发票，同时聘请专业安装公司为客户安装空调，安装费为200元。

则商场应纳增值税销项税额为：

$4000 \div (1+17) \times 17\% = 581.2$（元）

安装公司应纳营业税为：

$200 \times 3\% = 6$（元）

在本例中，商场多缴了税，虽然空调售价为4000元，但又支付给安装公司200元，实际收入为3800元。

商场经过筹划，把这个销售过程改为下列模式：

商场开具 3800 元的销售发票，安装公司开具 200 元的安装费发票给消费者。安装公司的纳税和收入没有变化，但商场却节约了税金。

商场应交纳的增值税销项税为：

3800 ÷（1 + 17%）× 17% = 552.14（元）

每台空调销售比原来节省 29 元增值税，如果每年空调的销量是 1 万台，那么一年就能节省 29 万元的增值税。

二、销售结算方式

企业选择不同的销售结算方式，可以使缴纳税款的时间有所不同，可以合理推迟纳税。操作的技巧和要点如下：

（1）对发货后一时难以回笼的货款，作为委托代销商品处理，待收到货款时才出具发票纳税；

（2）尽量避免采用托收承付或委托收款结算方式销售货物以防止垫付税款；

（3）在不能及时收到货款的情况下，采用赊销或分期收款结算方式以避免预付税款；

（4）若商品非常紧俏，应选择预收货款销售方式，提前收取一笔流动资金又无需纳税。

三、促销方式的选择

促销方式的选择，不仅会影响到市场销售，也会影响到销售环节的税收负担。关注促销方式就等于关注税收。

［**税案分析**］ 某大型商场是增值税的一般纳税人，购货均能取得增值税的专用发票，为促销欲采用三种方案：一是商品七折销售；二是购物满 200 元赠送价值 60 元的商品；三是购物满 200 元，返还 60 元的现金。

假定该商场销售毛利润率为 40%，上述价格均为含税价。销售额为 200 元的商品，其成本为 120 元，赠送的 60 元的商品，其成本为 36 元。消费者同样购买 200 元的商品，对于该商场选择哪种方式最为有利呢？

方案一：商品七折销售，价值 200 元的商品售价 140 元，应纳增值税为：

$[140\div(1+17\%)\times17\%]-[120\div(1+17\%)\times17\%]=2.9$（元）

税后现金流入 $=140-120-2.9=17.1$（元）

方案二：购物满 200 元赠送价值 60 元的商品，应纳增值税为：

$200\div(1+17\%)\times17\%-120\times(1+17\%)\times17\%=11.6$（元）

赠送 60 元的商品视同销售，应纳增值税为：

$60 \div (1+17\%) \times 17\% - 36 \div (1+17\%) \times 17\% = 3.5$（元）

合计应缴增值税：$11.6 + 3.5 = 15.1$（元）

税后现金流入 $= 200 - 120 - 36 - 15.1 = 28.9$（元）

方案三：购物满 200 元，返还 60 元的现金。

销售 200 元的商品，应纳增值税为：

$200 \div (1+17\%) \times 17\% - 120 \times (1+17\%) \times 17\% = 11.6$（元）

税后现金流入 $= 200 - 120 - 60 - 11.6 = 8.4$（元）

上述三种方案中，从纳税角度分析，方案一最优，企业缴纳增值税最少，后两种方案次之。

从税后现金流入的比较来看，方案二最优。

那么到底哪个方案好呢？

我认为可以进一步分析：

方案三虽然购物满200元，返还60元，看似打七折，其实不然，因为计税收入为200元，而不是方案一的计税收入为打折后的140元。

为什么方案二最优呢？原因在于方案二非常类似于捆绑销售，相对于方案一而言，多销售了商品。但大家考虑，如果赠送的商品成本很高呢，在上例中，如果成本超过60元，那么方案二就不一定是最优的了。

这里，留给大家一个小问题，请思考：

一家乳制品企业推出鲜奶的促销方式——“买五赠一”。税务要求赠送的部分要按视同销售行为缴纳增值税。请问：企业该不该对赠送的商品缴纳增值税，能否以合法的手段筹划节税？

附篇

趣味案例思考

案例1：怎样巧用包装物节税？

河北某轮胎厂生产经营汽车轮胎，随着轮胎市场的竞争日趋激烈，该厂在提高自身产品质量，开拓新市场的同时，力求尽可能降低成本，以增加产品的竞争力。2009年1月，企业销售2500个汽车轮胎，每个售价2000元，其中包括包装物200元，该月销售额为2000×2500＝5000000（元），汽车轮胎的消费税税率为3%，因此该月应纳消费税额为5 000 000×3%＝150 000（元）。该厂领导者经过分析，认为税收成本过高，因此要求财务人员采取措施，减少企业的应纳税额。

你认为应该如何进行税收筹划？

案例2：怎样巧用转让定价节省关税？

克赛汽车公司是一家全球性的跨国大公司，该公司生产的汽车在世界汽车销售市场上占有很大的份额。2008年11月，该公司决定进军中国市场，在中国境内有所作为。同月，公司召开董事会，商议此事并初步拟定两套方案：

方案一：在中国设立一家销售企业作为克赛汽车公司的子公司，通过国际间转让定价，压低汽车进口的价格，从而节省关税，这样使得中国境内子公司利润增大，以便于扩大规模，占领中国汽车市场。

方案二：在中国境内设立一家总装配公司作为子公司，通过国际间转让定价，压低汽车零部件的进口价格，从而节省关税。这样也可以使中国境内子公司利润增大，以便更好地占领中国市场。

经董事会充分讨论，决定采用第二种方案。请你分析如此决策的理由。

案例3：土地增值税通过房价调整可以节省吗?

某房地产开发公司建造一套普通标准住宅时，当时取得土地使用权所支付的金额为5万元，房地产开发成本为10万元，按规定允许扣除的房地产开发费用为1.5万元。该公司新上任的销售经理叶

某反映，最近她以26万的价格卖出去一套商品房，比此前以25万出售的那套多卖了1万元，为此她非但没有受到应有的奖励，反而被公司领导批评了，因为公司多交了税反而少赚了近6000元。叶某很不理解，遂向律师咨询。如果你是律师，请陈述你的观点和理由。

案例4：年终奖金如何发放能节税？

北京中关村一家科技公司在2009年初做薪酬规划，其部门经理年收入总额为30万元。如果把年收入分为月薪和年终奖金两部分，请问：月薪和年终奖金应该如何规划才能使部门经理负担的个人所得税金额最小？

案例5：如何利用工程合同节税？

某工程施工企业为一建设单位承建锅炉房，合同价款是1000万元，其中锅炉的价格为600万元，该企业的实际工程净收入额为400万元，但要按1000万元缴纳营业税。请问，如何才能降低该企业的营业税负担？

案例6：狡兔三窟的“节税高招”有风险吗？

赵明总是说自己现在没有归属感，因为他在北京、上海、广州、杭州、成都、深圳都有公司，整天要飞来飞去，由于奉行单身主义，也没有在某地安家，于是成了“飘”一族。赵明算是个不大不小的老板了，他原来是一家出版社的编辑，出了几本畅销书赚了点钱后，就自己出来开公司了。他做的主要是文化产业，和音像出版有关，凭着关系多、路子广，很快就打出了自己的一片天。一般来说，老板们的收入都是公司的股息分红，不过赵明现在的主要收入来源却还是公司开给他的工资，说白了其实是他自己开给自己的。当然他的工资水平是很高的，每月有 40000 元。不过他笑眯眯地说，他每月的税金却很低，秘密就在他那众多公司里。

赵明现在手中有 8 家公司，这些公司彼此间都是独立的，也没有股权关系，而且分布在 6 个不同的城市里，只是主要控股人都是他自己，而且他在每家公司都担任职务，比如总经理、总策划等等，相应也有收入。如果赵明的工资只在一家公司领取，他每月的税金就相当可观了，假设他只在上海领取薪水 40000 元，则每月的税金就高达 6225 元。但现在的情况是，他在 8 家公司里分别领取 5000 元工资，税金也是由各公司代扣代缴，这样一来，每月同样收入 40000 元，但他的税金却只有 2600 元，比在一家公司领取工资缴税少了很多。赵明想出这样的“节税高招”，他觉得挺佩服自己的。

请分析，赵明的“节税高招”存在税收风险吗，为什么？

参考答案请登陆：

中财税务顾问网（http：//www. cfotax. com）